SoPäd | LEBENSPRAXIS

Durchstarten ins eigene Leben

Sandra Pickhan
Tanja Riebe

WOHNUNG GELD & HAUSHALT

Arbeitsmaterialien für Jugendliche zur Förderung der Alltagskompetenz

Verlag an der Ruhr

Impressum

Titel

Wohnung, Geld und Haushalt

Arbeitsmaterialien für Jugendliche zur Förderung der Alltagskompetenz

Autorenteam

Tanja Riebe, Sandra Pickhan

Umschlagmotive

Foto: © baranq – shutterstock.com, Download-Icon: © JJAVA – stock.adobe.com, Gedankenblasen: © Style Photography – stock.adobe.com

Lektorat und inhaltliche Aktualisierung

Melanie Schölzke

Druck

Heenemann GmbH & Co. KG, Berlin, DE

Verlag an der Ruhr
Mülheim an der Ruhr
www.verlagruhr.de

Geeignet für die Klassen 8–13

Vollständig überarbeitete und aktualisierte Neuauflage des Titels:
Durchstarten ins eigene Leben – Wohnung, Geld und Haushaltsführung.
Arbeitsmaterialien für Jugendliche zur Förderung der Alltagskompetenz.
ISBN 978-3-8346-0965-6

ISBN 978-3-8346-4954-6

Inhaltsverzeichnis

Inhaltsverzeichnis

Ihr persönlicher Zugang:

Alle im Download enthaltenen Dateien können Sie unter dem folgenden Link abrufen:

https://cloud.verlagruhr.de/lerninhalt/vJn3bIFZ3lCK/

Passwort: wogeha2022

Wenn Sie die Kopiervorlagen auf Ihrem mobilen Endgerät (Handy, Tablet) aufrufen möchten, scannen Sie den nachfolgenden QR-Code.

Bitte beachten Sie, dass der angegebene Link und der QR-Code ihre Gültigkeit verlieren können. Sollte dies der Fall sein, wenden Sie sich bitte an: digitaleslernen@verlagruhr.de

Liebe Lehrkräfte,
immer wieder fällt in der Praxis ins Auge, dass einige Schüler*innen[1] maßgebliche Unterstützung brauchen, um das Leben nach der Schule strukturiert in Angriff nehmen zu können. Von vielen Aspekten des Alltags haben sie keine, lediglich vage oder sogar falsche Vorstellungen. Manche der längst Entlassenen kehren immer wieder zur Schule zurück, um dort Hilfe oder einen Rat einzufordern.
Dieses Buch soll Sie dabei unterstützen, Ihren Schützlingen einen guten Start in das Leben nach der Schule zu ermöglichen. Darum sind sämtliche Inhalte so praxisnah dargestellt, wie irgend möglich. Damit Sie die Inhalte noch genauer auf die Bedürfnisse Ihrer Lerngruppe zuschneiden können, gibt es außerdem sämtliche Arbeitsblätter noch einmal als editierbare Word-Vorlagen im Downloadbereich. Zum Download gelangen Sie unter dem auf S. 4 angegebenen Link. Dort finden Sie auch eine Datei mit Lösungen für die Arbeitsblätter, bei denen solche Sinn machen.
Das Buch ist unterteilt nach den wichtigsten Aspekten im Bereich Wohnung, Geld und Haushalt:

- Gegenwart und Zukunftspläne
- Mit Geld umgehen
- Die erste Wohnung
- Der eigene Haushalt
- Die Freizeit

Die Themen können in beliebiger Reihenfolge bearbeitet werden.
Jedes Thema ist so gegliedert, dass die Schüler*innen die Inhalte praxisnah und handlungsorientiert erarbeiten.

Die **Arbeitsblätter** können unabhängig voneinander eingesetzt werden. Z. T. wird zum Lösen der Aufgaben aufs Heft verwiesen, alternativ können natürlich auch einfach DIN-A4-Blätter verwendet werden, die später ins Portfolio kommen.
Zum Abschluss eines Kapitels gibt es immer eine **Checkliste.**
Diese erfüllt eine doppelte Funktion: Zum einen kann sie als Lernzielkontrolle genutzt werden, denn sie fragt die wichtigsten Inhalte noch einmal ab. Zum anderen können die Schüler*innen die Checkliste in ihrem „Lebensordner“ abheften und später bei Bedarf hervorholen: Auf jeden Fall sollten nämlich die Inhalte dieses Buches von den Schüler*innen portfolioartig abgeheftet werden, sodass sie später jederzeit greifbar sind. Pro Kapitel gibt es außerdem ein **Glossar.**

Im Kapitel „Gegenwart und Zukunftspläne“ finden Sie auch das Thema „Lebensformen“. Hier sei darauf hingewiesen, dass es sich bewährt hat, die Schüler*innen die verschiedenen Lebensformen in Partnerarbeit erarbeiten zu lassen. So knüpfen sie an eigenes Vorwissen an.
Die Schüler*innen können mithilfe der Arbeitsblätter Plakate gestalten und sich die jeweilige Lebensform vorstellen.

Nun wünschen wir Ihnen viel Erfolg bei der Förderung der Alltagskompetenzen Ihrer Schüler*innen.

[1] Der Verlag an der Ruhr legt großen Wert auf eine geschlechtergerechte und inklusive Sprache. Daher nutzen wir das Gendersternchen, um sowohl männliche und weibliche als auch nichtbinäre Geschlechtsidentitäten einzuschließen. Alternativ verwenden wir neutrale Formulierungen. In Texten für Schüler*innen finden sich aus didaktischen Gründen neutrale Begriffe bzw. Doppelformen.

Gegenwart und Zukunftspläne

Zwei Lebensgeschichten

▶ ***Frau Schmidt, 85 Jahre***

Als ich jung war, durfte ich abends nur in Begleitung meiner Mutter auf eine Tanzveranstaltung. Meine Schwestern kamen auch mit. Meine Mutter hat immer auf uns aufgepasst. Gegen 22 Uhr mussten wir dann zusammen mit meiner Mutter nach Hause gehen. Ich habe schon Jungen auf der Tanzveranstaltung kennengelernt. Aber das war ganz schön schwierig. Meine Mutter hatte ja immer ein Auge auf mich. Außerdem habe ich den Jungs auch nicht getraut. Zu Hause wurde oft erzählt, dass die eh nur das eine wollen. Meinen Mann habe ich mit 19 Jahren geheiratet, weil ich zu Hause rauswollte. Außerdem war ich schwanger. Da hat meine Mutter gesagt: „Du musst den heiraten.“ Es war ihr egal, ob ich das wollte oder nicht. Als ich verheiratet war, habe ich meinen Beruf aufgegeben und mich um die Kinder gekümmert. Mein Mann musste das Geld verdienen. Ich kann mich nicht daran erinnern, dass es damals Jugendliche gab, die mit 13 Jahren schwanger waren. So was gibt es erst heute.

▶ ***Frau Müller, 65 Jahre***

Als ich jung war, durfte ich abends alleine raus. Ich musste aber pünktlich um 21 Uhr zu Hause sein. Ich habe mich damals schon auch mit Jungen unterhalten. Aber mehr gab es damals nicht. Mein Freund musste sich erst bei meinen Eltern vorstellen. Erst danach durfte ich mit ihm ausgehen. Meinen Mann habe ich mit 18 Jahren kennengelernt und mit 22 Jahren geheiratet. Wir durften erst als Ehepaar zusammenziehen. Wir waren zwei Jahre verheiratet, da kam mein Sohn zur Welt. Ich war in all der Zeit immer Hausfrau. Mein Mann hat das Geld verdient. Ich kann mich nicht daran erinnern, dass es jemanden gab, der mit 13 oder auch mit 40 Jahren schwanger wurde.

1. **Vergleiche die Texte miteinander. Lege eine Tabelle an. Wo haben Frau Müller und Frau Schmidt Gemeinsamkeiten? Wo gibt es Unterschiede?**
2. **Schreibe auf, wie du Jungen bzw. Mädchen kennenlernst und welche Regeln ihr zu Hause habt.**
3. **Besprecht eure Überlegungen in der Klasse.**

Partnerinterview

Meine Partnerin bzw. mein Partner heißt:	
Wie lange darfst du ausgehen?	
Wo lernst du Mädchen bzw. Jungen kennen?	
Möchtest du später heiraten?	
Warum möchtest du später (nicht) heiraten?	
Falls du heiraten möchtest – wie alt möchtest du dabei sein?	
Kannst du dir vorstellen, später Kinder zu haben?	
Warum möchtest du (keine) Kinder haben?	
Wenn du später in einer Partnerschaft lebst – wie soll die Hausarbeit in der Partnerschaft aufgeteilt sein? Soll eine Person mehr Hausarbeit übernehmen? Warum (nicht)?	

1. **Befrage eine Partnerin oder einen Partner und trage die Antworten in die Tabelle ein.**
2. **Stelle mit deiner Partnerin oder deinem Partner eure Antworten in der Klasse vor.**
3. **Sprecht in der Klasse über die Gemeinsamkeiten und Unterschiede eurer Antworten.**
4. **Entwerft in der Klasse einen Fragebogen für eure Eltern: Wovon haben sie geträumt, als sie so alt waren wie ihr? Welche Wünsche hatten sie in Sachen Liebe und Leben? Gebt die Bögen euren Eltern. Stellt euch gegenseitig eure Ergebnisse vor.**

So lebe ich jetzt!

Ich heiße:	
Ich lebe zusammen mit:	
Ich wohne in einem:	○ Einfamilienhaus ○ Mehrfamilienhaus ○ ....
An unserer Wohnung/Lage gefällt mir, dass …	
An unserer Wohnung/Lage gefällt mir nicht, dass …	
Ich wohne in der Nähe von:	○ einer Haltestelle ○ einem Park ○ einem Supermarkt ○ meinen Freundinnen und Freunden ○ meinen Verwandten ○ ....
Ich übernehme folgende Aufgaben im Haushalt:	
Das tue ich in meiner Freizeit:	

1. **Fülle den Steckbrief aus.**
2. **Stelle deinen Steckbrief einer Partnerin oder einem Partner vor.**
3. **Stellt euch gegenseitig in der Klasse vor.**

So lebe ich, wenn ich 27 bin!

Wie man später lebt, wird nicht nur von den eigenen Vorstellungen bestimmt, sondern auch dadurch, in welcher Zeit man aufwächst. Deine Oma hatte mit 17 Jahren ganz andere Vorstellungen von ihrem Leben mit 27 als deine Mutter oder dein Vater.
Wie man lebt, wird immer auch durch die Umgebung, in der man aufwächst, mitbestimmt. Trotzdem hat man natürlich selbst in der Hand, was aus einem wird.
In deiner Klasse hat jeder und jede eine Vorstellung, wie er oder sie leben möchte. Manche möchten einen guten Job und Kinder haben. Andere möchten vielleicht auch einen guten Job haben, aber keine Kinder. Und die nächsten möchten vielleicht vor allem viel Freiheit haben.

1. **Schreibe einen Text darüber, wie du mit 27 leben willst.**
   Folgende Fragen helfen dir bei den Überlegungen:
   - Welchen Beruf hast du?
   - Wie sieht deine Wohnung aus?
   - Lebst du in der Wohnung allein? Oder lebst du mit anderen zusammen?
   - Lebst du in einer Stadt oder auf dem Land?
   - Bist du Single? Oder bist du in einer Partnerschaft?
   - Bist du verheiratet?
   - Wie sieht deine Partnerin oder dein Partner aus?
   - Welche Eigenschaften hat deine Partnerin oder dein Partner?
   - Hast du Kinder? Wie viele Kinder hast du?

   ....

   ....

   ....

   ....

   ....

   ....

   ....

2. **Ergänze deinen Text durch Bilder aus dem Internet oder aus Zeitschriften und Katalogen.**
   Du kannst auch selbst Bilder malen.

3. **Stelle deiner Klasse vor, wie du mit 27 leben willst.**

Bei den Eltern wohnen

Wenn du die Schule nach der 9. oder 10. Klasse verlässt, gibt es für dich weiterhin eine Berufsschulpflicht. Wie lange diese besteht, richtet sich nach der Ausbildungsdauer.
Deine Eltern haben das Sorgerecht für dich, bis du 18 bist. So lange entscheiden sie, wo du wohnst – in der Regel zu Hause. In dieser Zeit verdienst du wahrscheinlich kein oder sehr wenig Geld. Davon könntest du keine eigene Wohnung bezahlen.
Wenn du vorher gegen den Willen deiner Eltern ausziehen willst, muss es wichtige Gründe dafür geben – Gewalt oder Suchtprobleme im Elternhaus sind beispielsweise solche Gründe. Dann kannst du dich an das Jugendamt wenden. Allein wohnen darfst du allerdings nicht. Betreutes Wohnen und der Umzug zu Verwandten sind Möglichkeiten. Für solche Fälle gibt es außerdem sogenannte Jugendschutzstellen, in denen du erst einmal unterkommen kannst.
Wenn du volljährig bist und bei deinen Eltern zu Hause wohnen bleibst, sparst du eine Menge Geld, denn du musst keine Miete für eine eigene Wohnung bezahlen.
Du solltest im Normalfall allerdings nicht zu lange bei den Eltern wohnen bleiben. Denn je länger du dort wohnst, desto länger dauert es, bis du lernst, eigene Verantwortung zu tragen.

1. **Welche Vorteile und Nachteile gibt es, wenn man bei den Eltern wohnt? Ergänze die Tabelle.**

Ich wohne bei den Eltern	
Vorteile	*Nachteile*

2. **Suche dir eine Partnerin oder einen Partner. Tauscht euch über die Vor- und Nachteile aus und ergänzt eure Tabelle.**

3. **Finde im Internet heraus, wo es in deiner Stadt eine Jugendschutzstelle gibt. Gib in eine Suchmaschine (beispielsweise Google) das Wort → Jugendschutzstelle sowie deine Stadt ein.**

Die eigene Wohnung

Eine eigene Wohnung darfst du vom Gesetz her (ohne Einverständnis deiner Eltern) mieten, wenn du volljährig (also 18) bist. Allerdings musst du bedenken, dass eine eigene Wohnung viel Geld kostet. Daher solltest du ein eigenes regelmäßiges Einkommen haben, wenn du sie mietest. Der Vermieter oder die Vermieterin wird dich fragen, wie viel Geld du verdienst und wie lange du schon an deinem Arbeitsplatz tätig bist. Es kann auch sein, dass er oder sie eine sogenannte „Bürgschaft" von deinen Eltern haben möchte: Dann müssen diese unterschreiben, dass sie im Notfall für dich die Miete zahlen.

Neben den Mietkosten musst du auch noch beachten, dass du Nebenkosten und außerdem z. B. Strom, Gas/Heizung, Internet, den Rundfunkbeitrag und die Kosten für Streamingdienste selbst zahlen musst.

Damit die erste eigene Wohnung nicht komplett leer steht, musst du dir auch Möbel und elektrische Geräte besorgen. Auch dadurch können hohe Kosten entstehen.

Du solltest also in jedem Fall Geld zur Verfügung haben, wenn du eine eigene Wohnung mieten möchtest. Günstiger lebt es sich in einer Wohngemeinschaft.

Beantworte folgende Fragen im ganzen Satz.

a) Wie alt musst du mindestens sein, um die erste eigene Wohnung zu mieten?

....

....

b) Warum solltest du eigenes Geld verdienen, wenn du eine Wohnung mieten möchtest?

....

....

c) Was ist eine Bürgschaft?

....

....

d) Welche Kosten kommen außer der Miete noch auf dich zu, wenn du eine eigene Wohnung mietest?

....

....

Die Wohngemeinschaft

Um eine Wohngemeinschaft (WG) gründen zu können, musst du zuerst jemanden finden, mit dem du zusammenwohnen möchtest.
Dann müsst ihr eine Wohnung bekommen, die groß genug für euch ist und sich vom Schnitt her für eine WG eignet. Auch über das Vertragliche müsst ihr euch einigen, auch mit dem Vermieter oder der Vermieterin. Gibt es einen Hauptmieter oder eine Hauptmieterin? Oder seid ihr gleichberechtigt?
In einer WG teilt man sich meistens die Küche und das Bad. Das hat den Vorteil, dass man alle Möbel für diese Räume zusammen kaufen kann und sich die Kosten teilt. Manchmal haben beide auch schon ein paar Möbel, die sie mitbringen. So spart man Geld. Auch die Kosten für Internet, Strom, Heizung u. Ä. kann man teilen.
Das eigene Zimmer muss jeder und jede selbst einrichten und die Kosten dafür tragen.
In einer WG sollten alle Mitbewohnerinnen und Mitbewohner gemeinsam einen Plan aufstellen, wer welche Aufgabe hat. Sonst ist die Wohnung schnell dreckig oder der Kühlschrank leer. Auch auf ein paar allgemeine Regeln solltet ihr euch gemeinsam einigen. So könnt ihr vorbeugen, dass es nicht immer wieder zum Streit kommt.

1. **Stelle dir vor, du gründest eine WG.**
   a) Welche Aufgaben fallen im Haushalt an?
   Wer übernimmt welche Aufgaben? Mache einen Plan.
   b) Stelle Regeln auf, an die sich alle Mitbewohnerinnen und Mitbewohner halten müssen.

2. **Berat und Marcel haben eine Wohnung gefunden, die sie als WG nutzen können.**
   Berat hat weniger Geld und möchte lieber in das kleinere Zimmer ziehen.
   Marcel ist damit einverstanden.
   Wie können sie die Kaltmiete* für die Wohnung gerecht aufteilen?
   1 m² kostet 10 €.

* Grundmiete, zu der die Nebenkosten, z. B. für Heizung, sowie Strom etc. noch hinzukommen.

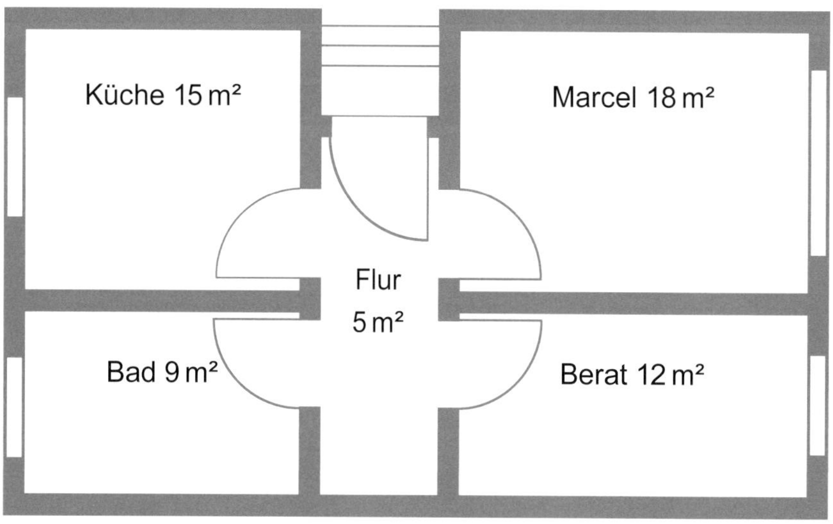

Das Betreute Wohnen

Das Betreute Wohnen ist eine Jugendhilfemaßnahme. Für diese müssen Jugendliche in der Regel mindestens 16 Jahre alt sein. Zudem muss es in der Familie so schwerwiegende Probleme geben, dass die Jugendlichen nicht mehr zu Hause wohnen können. Ein Umzug in betreute Wohnverhältnisse kann aufgrund von finanziellen Unsicherheiten veranlasst werden oder weil die Jugendlichen bei ihren Eltern nur noch Stress haben oder körperliche Gewalt erfahren.
In solchen Fällen bezahlt das Jugendamt die Unterbringung im Betreuten Wohnen.
Wenn du in eine betreute Wohngruppe möchtest, musst du dich ans Jugendamt wenden und um Unterstützung bitten.

Beim Betreuten Wohnen haben die Jugendlichen immer einen erwachsenen Ansprechpartner oder eine erwachsene Ansprechpartnerin. Sie wohnen entweder im eigenen Appartement oder in einer Wohngruppe.
Das Betreute Wohnen wird als Übergang in die Selbstständigkeit gesehen.
Das Betreute Wohnen wird ermöglicht, wenn man regelmäßige Gespräche mit der Betreuerin oder dem Betreuer führt und an Gruppengesprächen teilnimmt.
Außerdem gibt es feste Regeln, die eingehalten werden müssen.
Mehr Informationen über das Betreute Wohnen findest du hier:
www.jugend-und-familienhilfe.de

1. **Kiano ist 16 Jahre alt. Zu Hause hält er es nicht mehr aus. Immer ist der Kühlschrank leer. Und wenn sein Vater wütend ist, schlägt er ihn. Kiano weiß nicht mehr weiter und fragt um Rat. Suche dir eine Partnerin oder einen Partner für ein Rollenspiel. Eine Person spielt Kiano; eine Person gibt den Rat. Welche Lösung bietet sich an? Was würde sich für Kiano verändern? Ihr könnt so beginnen:**
   Kiano: „Ich halte es zu Hause nicht mehr aus. Mein Vater schlägt mich so oft. Ich will das nicht mehr!"
   Ratgeberin oder Ratgeber: „Das hört sich übel an. Das würde mich auch abturnen. Hast du schon mal was vom Betreuten Wohnen gehört?"
   Kiano: „Nee, keinen Plan. Was ist das denn?"
   Ratgeberin oder Ratgeber: „Beim Betreuten Wohnen …"

2. **Welche Regeln könnten in einer betreuten Wohngruppe gelten? Schreibe mindestens drei Regeln auf.**

....

....

....

Das Frauenhaus

Das Frauenhaus bietet Frauen Schutz, denen zu Hause Gewalt angetan wird. Diese Frauen werden dort beispielsweise geschlagen oder missbraucht. Das Frauenhaus ist für die Frauen dann eine erste Hilfe, um der häuslichen Gewalt zu entkommen.
Im Frauenhaus bekommen sie ein Zimmer, etwas zu essen und Beratung. Frauen dürfen ihre Kinder ins Frauenhaus mitbringen.
Die Unterkunft ist allerdings keine dauerhafte Lösung. Die Frauen werden daher bei der Wohnungssuche und der weiteren Lebensplanung unterstützt und beraten. Auch für die Erziehung der Kinder gilt dies.
Die Adressen von Frauenhäusern sind anonym, also nicht bekannt. Dadurch werden die Frauen besser geschützt.
Wenn du in ein Frauenhaus möchtest, musst du dort anrufen oder eine Mail schicken. In der Regel wird dann ein Treffpunkt mit dir vereinbart, an dem du abgeholt wirst.

1. **Warum sind Frauen besser geschützt, wenn die Adresse des Frauenhauses nicht bekannt ist? Suche dir eine Partnerin oder einen Partner und tauscht euch dazu aus.**
2. **Finde unter www.frauenhauskoordinierung.de → *Frauenhaussuche* die Telefonnummer des nächstgelegenen Frauenhauses heraus.**
3. **Was könntest du am Telefon sagen, wenn du einen Platz im Frauenhaus benötigst? Notiere dir einen möglichen Text auf den folgenden Zeilen.**

„Guten Tag, ich heiße …

Singles

Single zu sein, heißt, keine feste Partnerin oder keinen festen Partner an der Seite zu haben. Das kann einige Vorteile mit sich bringen. Du kannst so lange wach bleiben, wie du möchtest, und essen, was du willst. Du kannst deine Abende selbst gestalten und so viel Zeit, wie du willst, mit deinem Freundeskreis und der Familie verbringen. Du triffst deine Entscheidungen allein. Niemand futtert deinen Kühlschrank leer oder geht dir auf den Geist, wenn du schlechte Laune hast. Das Badezimmer ist immer frei. Und du kannst kommen und gehen, wie es dir passt. Über Beziehungsstress brauchst du dir keine Gedanken zu machen.

Allerdings kann es als Single auch ganz schön einsam sein: Essen kocht man für sich allein und fernsehen muss man auch allein. Wenn man Sorgen hat, kann man sie nicht mit der Partnerin oder dem Partner besprechen. Single sein ist in der Regel auch teurer: Man muss die Miete allein bezahlen. Essen aus dem Supermarkt ist oft auf zwei Personen oder mehr ausgerichtet, sodass man als Single seinen Einkauf gut planen muss. Natürlich kann man sich das mit der Partnerschaft nicht immer aussuchen. Vielleicht findest du einige Zeit keine Person für eine Partnerschaft. Oder du findest sehr schnell deine Traumpartnerin oder deinen Traumpartner – und vorbei ist es mit den Vorteilen des Single-Daseins …

1. **Ergänze die Tabelle. Viele Vor- und Nachteile werden in dem Text oben genannt. Notiere in der Tabelle auch, was dir selbst einfällt.**

Single sein	
Vorteile	*Nachteile*

2. **Welche Möglichkeiten hat man, jemanden kennenzulernen? Tausche dich mit einer Partnerin oder einem Partner darüber aus.**

3. **Welche Eigenschaften würdest du dir an einer Person wünschen, mit der du fest zusammen bist? Tausche dich mit einer Partnerin oder einem Partner dazu aus.**

Ein-Eltern-Familien

Man spricht von einer Ein-Eltern-Familie, wenn man ohne Partnerin oder Partner lebt und dabei mindestens ein Kind hat. Auch das Wort „alleinerziehend“ wird in diesem Fall verwendet.
Wenn man alleinerziehend ist, kann man schnell Geldsorgen bekommen. Es ist schwierig, arbeiten zu gehen und sich gleichzeitig um das Kind oder die Kinder zu kümmern. Plätze in Kindertagesstätten sind schwer zu bekommen. Wenn Oma und Opa oder andere Verwandte oder Personen aus dem Freundeskreis nicht helfen können, bleibt noch die Betreuung durch eine Tagesmutter. Aber auch eine Tagesmutter ist nicht einfach zu finden.
Viele alleinerziehende Elternteile müssen Hartz IV beantragen. Dies ist vor allem der Fall, wenn die ehemalige Partnerin oder der ehemalige Partner den finanziellen Verpflichtungen nicht nachkommt. Denn auch wenn ein Elternteil nicht mit dem Kind zusammenlebt, ist dieser zu monatlichen Zahlungen verpflichtet. Das sind die sogenannten „Unterhaltszahlungen“.
Schwer für Alleinerziehende ist zudem, dass sie für so viel allein verantwortlich sind: für Haushalt, Einkauf, Erziehung und für das Finanzielle.
Auf der anderen Seite hat es jedoch auch Vorteile, alleinerziehend zu sein. Viele geraten nicht unerwartet in diese Situation, sondern haben sich nach vielen Überlegungen bewusst dafür entschieden. Sie wissen, dass es besser ist, wenn das Leben ohne ständigen Streit oder gar Alkohol und Gewalt weitergeht. Vielfach haben Alleinerziehende nach einer schwierigen Trennung das Gefühl, endlich frei sein zu können. Sie genießen es, nun nur noch für ihre Kleinfamilie verantwortlich zu sein. Und natürlich ist es auch für das Kind oder die Kinder nicht gut, wenn sie ständig Konflikte der Eltern miterleben müssen.

1. **Welche Bilder passen zur Ein-Eltern-Familie? Begründe deine Wahl.**

Fotos v.l.n.r.: © Nina Buday, © Look Studio, © Monkey Business Images, © fizkes – alle Shutterstock.com

2. **Informiert euch bei der AWO (www.awo.de → *„Beratung finden“ sowie unter „Beratung in Ihrer Nähe suchen“*), welche Hilfen ihr als Alleinerziehende bekommen könnt.**
3. **Überlege, wie deine Eltern reagieren würden, wenn du Vater oder Mutter würdest. Berichte darüber in der Klasse.**

Paare

Mit einer anderen Person als Paar zusammenzuleben, das steht heute allen frei. Gleichgeschlechtliche wie auch gemischtgeschlechtliche Paare können einen gemeinsamen Hausstand führen, ohne vorher eine Ehe geschlossen zu haben. Das war früher anders. In Bayern durften Unverheiratete sogar bis 1970 nicht in eine gemeinsame Wohnung ziehen.

Es hat viele Vorteile, dass man heute ohne Ehe zusammenleben darf. Wenn man gemeinsam eine Wohnung einrichtet, lernt man seine Partnerin oder seinen Partner auf ganz andere Art kennen. Und natürlich ist das auch der Fall, wenn man zusammenwohnt. Dann musst du dich mit deiner Partnerin oder deinem Partner einigen, wer im Haushalt welche Aufgaben übernimmt.

Und ihr müsst lernen, mit Konflikten umzugehen. Wenn du dir eine Wohnung mit deiner Partnerin oder deinem Partner teilst, kannst du nicht einfach die Tür knallen und gehen. Der Streit muss geklärt werden. Schließlich habt ihr ein gemeinsames Zuhause.

Wenn du mit einer Partnerin oder einem Partner eine gemeinsame Wohnung hast, sparst du viel Geld. Ihr könnt euch die Kosten für Strom, Gas und sogar die Miete teilen. Das ist sehr praktisch. Das Essen wird in der Regel günstiger, weil Lebensmittel meist Portionsgrößen für Zwei-Personen-Haushalte haben.

1. **Welche Konflikte kann es zwischen einem Paar geben? Überlege dir drei Konflikte.**

....

....

....

2. **Suche dir eine Partnerin oder einen Partner. Stellt euch gegenseitig eure notierten Konflikte vor. Sucht euch zwei der Konflikte aus und überlegt, wie die Konflikte gelöst werden können.**

....

....

....

....

3. **Stellt diese Konflikte und die möglichen Lösungen in der Klasse vor und sprecht darüber.**

Die Ehe

Die Ehe ist eine rechtliche Verbindung zwischen zwei Menschen. Seit Oktober 2017 gibt es in Deutschland die Ehe für alle. Davor war die Ehe nur gemischtgeschlechtlich möglich. Seit es die Ehe für alle gibt, können alle Paare unabhängig von ihren Geschlechtern die Ehe miteinander eingehen.
Wenn du später heiraten möchtest, müsst ihr – du und deine Partnerin oder dein Partner – einen Termin beim Standesamt vereinbaren. Wo das Standesamt ist und wie du es erreichen kannst, das findest du leicht im Internet heraus. Beim Standesamt kann man dir ganz genau sagen, welche Unterlagen man von dir und deiner Partnerin oder deinem Partner braucht. In jedem Fall müsst ihr gültige Personalausweise oder Reisepässe, beglaubigte Geburtsurkunden und erweiterte Meldebescheinigungen dort vorzeigen. Ist jemand nichtdeutsch, sind aber noch zusätzliche Unterlagen notwendig. Wenn jemand verwitwet oder geschieden ist oder Kinder hat, bestehen ebenfalls Besonderheiten.
Die Ehe bringt einem Paar einige Vorteile. Eventuell müsst ihr weniger Steuern zahlen. Sollte eine Ehepartnerin oder ein Ehepartner nicht arbeiten, kann sich die Person kostenlos in der gesetzlichen Krankenversicherung und der Pflegeversicherung mitversichern lassen. Bleibt jemand beispielsweise für die Kindererziehung zu Hause, spart man bei den Versicherungen so einiges Geld.
Wenn es Kinder in der Ehe gibt, dürfen Ehepartnerinnen wie auch Ehepartner Elterngeld und Elternzeit in Anspruch nehmen. Das gilt für gemischtgeschlechtliche wie für gleichgeschlechtliche Ehen. In beiden Beziehungskonstellationen können Kinder adoptiert werden.
In der Ehe gibt es neben den Rechten ebenfalls Pflichten. So musst du in der Ehe auch Rücksicht auf deine Partnerin oder deinen Partner nehmen und kannst nicht machen, was du möchtest. Du musst Kompromisse eingehen.
Wenn die Ehe nicht mehr hält, wird die Scheidung teuer. Denn ein Anwalt oder eine Anwältin kostet viel Geld. Es kann sein, dass man seine Ex-Partnerin oder seinen Ex-Partner finanziell unterstützen muss, z. B. wenn sie oder er nicht mehr arbeiten kann. Nach einer Scheidung, solltest du darauf achten, dass du gut mit deiner Ex-Partnerin oder deinem Ex-Partner umgehst.

1. Was spricht für die Ehe und was dagegen? Ergänze die Tabelle.

Das spricht für die Ehe	*Das spricht gegen die Ehe*

2. Kannst du dir vorstellen, später zu heiraten? Begründe.

Die Patchworkfamilie

Wenn ihr euch einmal scheiden lassen solltet und ein Kind habt, müsst ihr als Eltern darauf achten, dass ihr beide den Kontakt zu eurem Kind oder euren Kindern haltet. Das gilt ebenfalls, wenn ihr unverheiratet Eltern seid und euch trennt.
Aus dieser Situation heraus kann es später eine sogenannte „Patchworkfamilie" geben. Von einer Patchworkfamilie spricht man, wenn neue Lebensgemeinschaften entstehen, in die der Partner oder die Partnerin oder sogar beide, Kinder aus früheren Beziehungen mitbringen. Immer mehr Kinder leben heute in einer Patchworkfamilie.
Patchworkfamilien entstehen heute recht häufig, weil sich Erwachsene öfter trennen als früher. Wenn ein Elternteil dann eine andere Person kennenlernt und mit ihr eine Partnerschaft eingeht, entstehen ganz vielfältige, neue Familienzusammensetzungen. Kinder können dadurch einen Stiefvater oder eine Stiefmutter bekommen. Es gibt Kinder, die den Großteil der Zeit in der neuen Familie ihrer Mutter verbringen. Es gibt aber auch Kinder, die beim Vater bleiben. Wenn Kinder abwechselnd in zwei verschiedenen Familien leben, ist das für Kinder häufig nicht ganz leicht. Jede Familie entwickelt ihre eigenen Gewohnheiten. Zudem hat jede Familie eigene Regeln dafür, was erlaubt und was verboten ist und was von Kindern erwartet wird.
In zwei Familien zu leben, bringt aber auch eine Reihe von Vorteilen. Die Kinder haben die Möglichkeit, Unterschiedliches kennenzulernen und auszuprobieren. Sie sehen vielleicht mehrere Formen, wie mit Konflikten gut umgegangen werden kann. Oder sie lernen verschiedene Möglichkeiten der Freizeitgestaltung kennen.

1. **Macht eine Umfrage in eurer Klasse. Wer wohnt in welcher Familienform? (alleinerziehend, Patchworkfamilie, Eltern sind verheiratet …)**
2. **Wertet eure Umfrage aus. Stellt eure Ergebnisse als Balkendiagramm dar.**

Beispieldiagramm

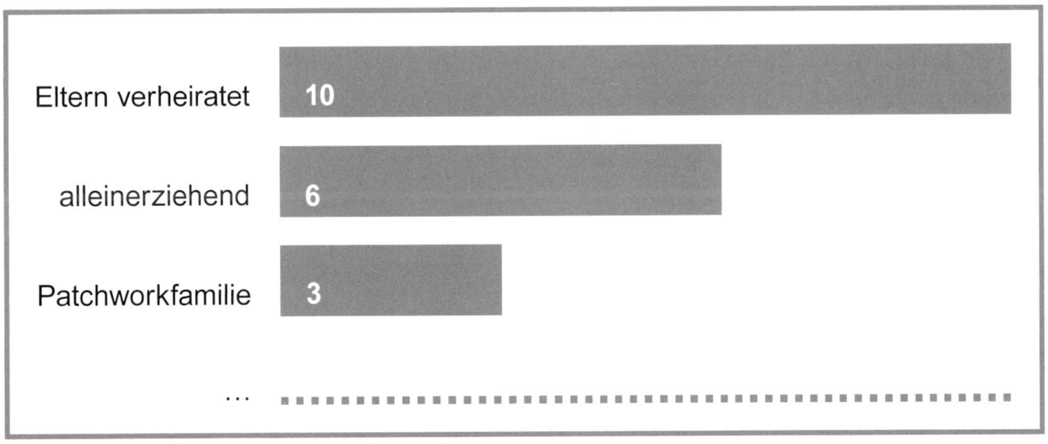

Die Ehe für alle

Gleichgeschlechtliche Paare konnten ihrer Beziehung bis zum 30. September 2017 mit der eingetragenen Lebenspartnerschaft einen rechtlichen Rahmen geben. In vielerlei Hinsicht ist die eingetragene Lebenspartnerschaft der Ehe ähnlich. Eine eingetragene Lebenspartnerschaft bedeutete ebenfalls für die beiden Frauen oder die beiden Männer: Sie wollten eine Partnerschaft auf Lebenszeit führen. Vor allem waren beide bereit, füreinander Verantwortung zu tragen. Auch einen gemeinsamen Namen zu führen, war in der eingetragenen Lebenspartnerschaft vorgesehen (es durften dabei nur keine Dreifachnamen entstehen).
Mit der Eintragung war zudem die Verpflichtung zu gegenseitigem Unterhalt verbunden – das bedeutet: Wird eine Person in der Partnerschaft bedürftig, muss die andere sie angemessen unterstützen.
Ebenfalls wirkte sich die eingetragene Lebenspartnerschaft auf das Erbrecht aus. Ein gemeinsames Adoptionsrecht sah die eingetragenen Lebenspartnerschaft allerdings nicht vor. Das hat sich am 1. Oktober 2017 geändert, denn an diesem Tag wurde die „Ehe für alle“ eingeführt. Die eben genannten Rechte und Pflichten der eingetragenen Lebenspartnerschaft gibt es dort auch. Zudem ist es in dem rechtlichen Rahmen der „Ehe für alle“ auch gleichgeschlechtlichen Paaren möglich, gemeinsam ein Kind zu adoptieren. Generell haben sie darin die Rechte und Pflichten, die gemischtgeschlechtliche Ehepaare haben. Seit der Änderung ist es allerdings nicht mehr möglich, eine eingetragene Partnerschaft zu schließen, es steht nur noch die „Ehe für alle“ offen. Jedoch können euch noch Personen begegnen, die eine eingetragene Lebenspartnerschaft führen – diese wurde dann vor dem 1. Oktober 2017 begründet.

1. Beantworte folgende Fragen im ganzen Satz.

a) Bis wann konnten gleichgeschlechtliche Paare in Deutschland eine eingetragene Lebenspartnerschaft eingehen?

....

b) Seit wann gibt es die Ehe für alle?

....

c) Dürfen gleichgeschlechtliche Paare Kinder adoptieren?

....

....

2. Diskutiert in eurer Klasse: Warum wurde wohl die Bezeichnung „Ehe für alle“ gewählt?

Die Familienplanung

Ein Kind zu bekommen, ist eine verantwortungsvolle Aufgabe. Denn du bist für das Kind verantwortlich, bis es groß genug ist. Das heißt, du musst dafür sorgen, dass es zu essen und zu trinken hat und vernünftig angezogen ist. Ein Kind braucht eine warme Wohnung und eine liebevolle Umgebung. Ein Kind braucht viel Zeit, Aufmerksamkeit und Pflege. Du bist für seine Erziehung verantwortlich.
Daher solltest du dir gemeinsam mit deiner Partnerin oder deinem Partner gut überlegen, ob und wann ihr ein Kind haben wollt.
Es hilft sehr, wenn ihr beide eigenes Geld verdient. Es ist auch von Vorteil, wenn ihr schon eine gemeinsame Wohnung habt und aufeinander eingespielt seid. Dann habt ihr das Zusammenleben bereits „geübt", bevor das Kind da ist.

1. **Kannst du dir vorstellen, später ein Kind zu bekommen? Falls ja, wie viele Kinder möchtest du haben?**

....

....

....

2. **Welche Aufgaben hast du, wenn du ein Kind hast? Nenne mindestens zehn Aufgaben.**

....

....

....

3. **Wie stellst du dir das Leben mit einem Baby vor? Beschreibe einen Tag in deinem Leben mit einem Baby.**

....

....

....

Die Vorsorgeuntersuchung in der Schwangerschaft

Entscheidest du dich gemeinsam mit deiner Partnerin oder deinem Partner, ein Kind zu bekommen, müsst ihr während der Schwangerschaft regelmäßig in die Frauenarztpraxis.
Die Ärztin oder der Arzt nimmt Untersuchungen vor, um feststellen zu können, wie es dem Kind geht. Die Untersuchungen helfen, das ungeborene Kind zu schützen.
Die Ärztin oder der Arzt schauen sich auch das Blut und den Blutdruck der Mutter an. Zudem wird eine Urinprobe genommen. Sehr wichtig ist außerdem der Ultraschall. Bei diesem gehen die Ärztin oder der Arzt mit einer Art Kamera über den Bauch der Mutter. Mithilfe der Kamera kann man in den Bauch hineinsehen. Meistens kann um die 20. Schwangerschaftswoche herum so erkannt werden, ob es ein Junge oder ein Mädchen wird.
In der Arztpraxis werden auch die Herztöne des Babys gemessen. Insgesamt müsst ihr in den neun Monaten etwa 10-mal zur Vorsorgeuntersuchung.
Die Chance, ein gesundes Baby zu bekommen, ist höher, wenn ihr regelmäßig die Vorsorgeuntersuchungen während der Schwangerschaft wahrnehmt. Jeder Besuch wird in den sogenannten Mutterpass eingetragen.

(Informationen u. a. nach www.eltern.de/schwangerschaft/praenataldiagnostik/vorsorgeuntersuchung.html)

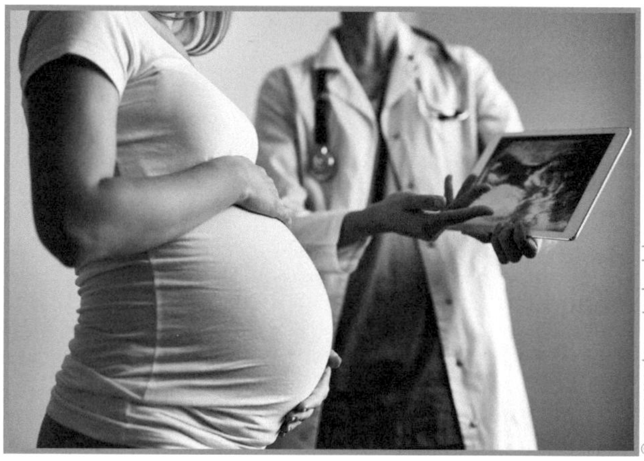

1. **Beim Ultraschall werden viele Dinge untersucht. Nummeriere die Textfelder.**

◯	◯	◯
In der 29. bis 32. Woche werden u. a. die inneren Organe angeschaut: Haben sich Herz, Nieren, Gehirn etc. richtig entwickelt?	In der 19. bis 22. Woche wird untersucht, ob das Baby normal entwickelt ist und ob es sich bewegt. Es wird auch geprüft, ob das Baby richtig wächst.	In der 9. bis 12. Woche werden u. a. das Alter des Babys und der genaue Geburtstermin errechnet.

2. **Schreibe den Text in der richtigen Reihenfolge in dein Heft.**
3. **Finde im Internet heraus, was es mit den „Mutterschafts-Richtlinien“ auf sich hat und was diese beinhalten.**

Die Erstausstattung

Du bekommst mit deinem Partner oder deiner Partnerin ein Kind. Ihr solltet euch möglichst früh überlegen, was ein Baby alles benötigt, und die Sachen rechtzeitig besorgen.

1. **Notiere beispielhaft in der Tabelle, was für die Erstausstattung eines Babys besonders wichtig ist. Nutze dafür die Seite www.babyclub.de/magazin/babys-erstes-jahr/Checkliste+Baby+Erstausstattung.pdf**
2. **Schaue im Internet nach, wie teuer die Babysachen sind. Trage die Kosten passend in die Tabelle ein. Du kannst dir auch Bilder der Babysachen ausdrucken, sie ausschneiden und auf ein Stück Papier kleben. So hast du einen guten Überblick zur Erstausstattung.**
3. **Überlege, wie man kostengünstig an Babysachen kommen kann. Sammelt eure Ideen in der Klasse und haltet sie schriftlich fest.**

Körperpflege	Kosten	Zimmer	Kosten
Kleidung		Nahrung	
Sonstiges			

Unterstützung für Eltern

Ein Kind zu bekommen, ist nicht einfach. Du trägst viel Verantwortung für deine Familie und für dein Kind.
Du musst viele Dinge beachten, von denen du oftmals keine Ahnung hast:
Wie stelle ich einen Kindergeldantrag? Was ist überhaupt Kindergeld?
Wie füttere ich mein Baby? Woher bekomme ich günstig Anziehsachen für mein Baby?
Auf viele Fragen bekommst du eine Antwort, wenn du zur Beratungsstelle gehst.
Dort bekommst du Hilfe und viele Auskünfte.

1. Überlege, wen du noch um Rat fragen oder wo du noch Hilfe finden kannst.

....

....

....

2. Arbeite mit einer Mitschülerin oder einem Mitschüler zusammen. Sucht unter www.awo-schwanger.de eine Beratungsstelle in eurer Nähe und findet heraus, was die Stellen genau leisten. Ihr könnt dort anrufen. Vielleicht könnt ihr auch die Beratungsstelle mit der Klasse besuchen, um euch über den Service aufklären zu lassen.

3. Du oder deine Partnerin ist schwanger. Du möchtest einen Termin bei der Beratungsstelle. Überlege dir, was du sagen könntest, und notiere dir den Text.

„Guten Tag, ich heiße …

....

....

....

....

....

Übe das Telefongespräch im Rollenspiel. Arbeite mit deiner Partnerin oder deinem Partner aus Aufgabe 2.

Checkliste für den Lebensordner

Adresse und Öffnungszeiten der AWO in meiner Nähe (Hilfe bei Schwangerschaft, Erziehung u. v. m.):	
Telefonnummer und Adresse der Jugendschutzstelle (Hilfe bei großen Krisen, wie Problemen zu Hause, sexueller Gewalt u. v. m.):	
Telefonnummer eines Frauenhauses in meiner Nähe: **ACHTUNG:** **<u>Keine Adresse notieren</u>!**	
Diese Unterlagen benötige ich, wenn ich heiraten will:	
Das ist die wichtigste Grundausstattung für mein Baby:	Kleidung
	Zimmer
	Ernährung
	Körperpflege
	Sonstiges

Was bedeutet was?

Berufsschulpflicht	Wenn du in Deutschland nach der 9. oder 10. Klasse die Schule verlässt, hast du weiterhin eine Berufsschulpflicht. Wie lange diese dauert, richtet sich nach der Länge deiner Ausbildung.
Betreutes Wohnen	Betreutes Wohnen ist eine Maßnahme der Jugendhilfe für Jugendliche ab 16, die nicht mehr bei ihren Eltern wohnen können. Dafür wendet man sich ans Jugendamt.
Bürgschaft	Das Versprechen einer Person, für dich finanziell einzuspringen, wenn du z. B. die Miete nicht mehr zahlen kannst.
Elterngeld	Wenn ein Kind geboren wird und ein berufstätiger Elternteil zu Hause bleibt, erhalten Eltern über einen bestimmten Zeitraum Elterngeld. Immerhin bekommt der Elternteil, der zu Hause bleibt, keinen Lohn – das Elterngeld ist ein Ersatz dafür.
Elternzeit	Nach der Geburt eines Kindes darf man in Deutschland für einen bestimmten Zeitraum unbezahlt zu Hause bleiben. Dafür muss man einen Antrag stellen und wird dann von der Arbeit freigestellt. Man behält dabei das Recht auf seine Arbeitsstelle.
Kindergeld	Der Staat zahlt deinen Eltern jeden Monat einen bestimmten Betrag für dich. Dieser Betrag heißt Kindergeld.
Krankenversicherung	Die Krankenversicherung übernimmt in der Regel die Kosten für deine Arztrechnungen und Medikamente.
Mutterschutz	Zeitraum vor und nach der Schwangerschaft, in dem die (werdende) Mutter bei voller Bezahlung von der Arbeit freigestellt ist, um das Kind und sich zu schonen und zu schützen.
Sorgerecht (elterliche Sorge)	Das Sorgerecht haben in der Regel die Eltern. Sie kümmern sich um ihr Kind und um die Erziehung.
Standesamt	Im Standesamt kann man heiraten. Dort meldest du auch die Geburt deines Kindes.
Ultraschall	Beim Ultraschall geht der Arzt mit einer Art Kamera über den Bauch der Mutter, sodass er in den Bauch hineinsehen kann.
Unterhaltspflicht	Per Gesetz sind deine Eltern verpflichtet, die Kosten für dein Essen, deine Wohnung usw. zu tragen. Allgemein ist die Unterhaltspflicht die Pflicht, den Lebensbedarf einer Person durch Zahlungen zu sichern.

Mit Geld umgehen

Wozu ein Girokonto?

Wenn du Geld verdienst, bekommst du es von deinem Chef oder deiner Chefin nicht bar auf die Hand. Das Geld wird auf ein Girokonto überwiesen. Das musst du bei der Bank beantragen. Mithilfe des Girokontos kannst du deine Rechnungen und deine Miete bezahlen.
Für das Girokonto bekommst du eine eigene Girokarte. Mit der Girokarte kannst du Geld an einem Geldautomaten abheben und in den meisten Geschäften auch an der Kasse bezahlen. Außerdem kannst du mit der Girokarte bei der Bank deine Kontoauszüge auch ausdrucken lassen. Die Kontoauszüge solltest du regelmäßig überprüfen. Wenn du dazu nicht zur Bank gehen möchtest, kannst du dir die Auszüge auch im Onlinebanking anzeigen lassen.
Ein Girokonto kannst du meist erst eröffnen, wenn du 18 bist. Jugendliche unter 18 brauchen in der Regel die Einverständniserklärung ihrer Eltern. Für Schülerinnen und Schüler sowie Auszubildende bieten viele Banken jedoch ein Jugend-Girokonto an.
Girokonten kosten in der Regel Gebühren. Manchmal gibt es aber auch kostenlose. Wenn du wenig verdienst, achte darauf, dass dein Girokonto kostenlos ist.

1. Beantworte folgende Fragen im ganzen Satz.

a) Wozu brauchst du ein Girokonto?

....

....

b) Was kannst du mit der Girokarte tun?

....

....

c) Wie alt musst du sein, um ein Girokonto eröffnen zu können?

....

....

2. Gehe in eine Bank und erkundige dich, was bei der Eröffnung eines Girokontos zu tun ist. Berichte davon in deiner Klasse. Bringe Informationsmaterialien mit und gestalte ein Plakat.

So funktioniert ein Girokonto

Das Wort „Giro“ kommt aus dem Italienischen und bedeutet so viel wie „Kreis“. Auf einem Girokonto wird Geld hin- und hergeschoben, ohne dass jemand Bargeld in der Hand hat.

1. Bringe den Text in die richtige Reihenfolge.

- *Am Ende des Monats ist weniger Geld auf deinem Konto. Aber bald kommt dein Lohn.*
- *Die Bank überweist das Geld an deinen Stromanbieter.*
- *Du erhältst Rechnungen, z. B. für Strom. Beim Onlinebanking tippst du alle erforderlichen Angaben für die Überweisung ein und tätigst sie.*
- *Du holst dir einen Kontoauszug und siehst, dass die Rechnung bezahlt ist.*
- *Dein Stromanbieter erhält das Geld von deinem Konto. Die Rechnung ist bezahlt.*

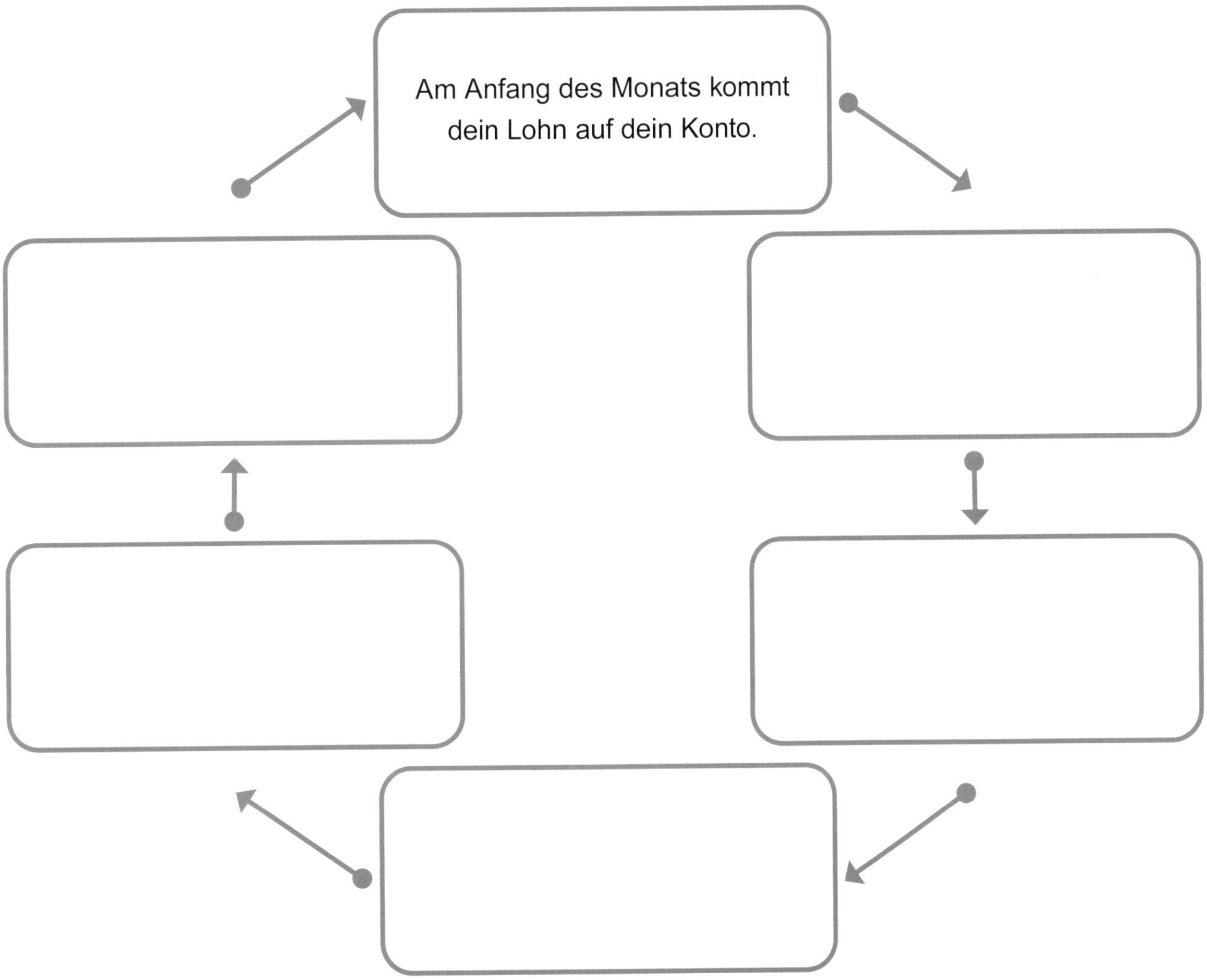

2. Warum spricht man also von einem <u>Giro</u>konto?

....

Verschiedene Bezahlarten

Wenn du ein Girokonto hast, gibt es drei Möglichkeiten, beim Einkaufen zu bezahlen.
Zum einen kannst du mit deiner Girokarte am Geldautomaten oder am Bankschalter **Bargeld** abheben. Der Bankschalter ist allerdings nur zu bestimmten Zeiten geöffnet. Außerdem werden bei manchen Banken zusätzliche Gebühren fällig, wenn du dein Geld am Schalter abhebst. Der Geldautomat steht rund um die Uhr zur Verfügung. Wenn du Geld am Bankautomaten abheben möchtest, brauchst du eine PIN (Persönliche Identifikationsnummer).
Wenn du beim Einkaufen mit deiner Girokarte direkt an einer Kasse zahlen möchtest, wird ebenfalls oft nach der PIN gefragt. Manchmal ist das Bezahlen mit der Girokarte ohne PIN möglich, manchmal musst du auch unterschreiben. In jedem Fall gilt, dass die Girokarte sehr oft als Zahlungsmittel akzeptiert ist – so kannst du etwa Fahrkarten am Fahrkartenautomaten mit deiner Girokarte zahlen. Zum Zahlen schiebst du die Girokarte entweder in ein Lesegerät, manchmal reicht es, sie an ein Lesegerät heranzuhalten. Danach wird eventuell nach deiner PIN gefragt oder du musst unterschreiben. Anschließend hast du die Ware gekauft.
Als dritte Möglichkeit kannst du auch mit dem Smartphone zahlen. Für diese Bezahlform stellen die Banken spezielle Apps zur Verfügung. Hast du diese auf dem Smartphone installiert, kannst du an der Kasse dein Smartphone wie eine Girokarte benutzen. Halte sie an ein Lesegerät, um Ware zu bezahlen.
Wenn du mit Smartphone oder Girokarte bezahlst, benötigst du kein Bargeld. Das ist sehr bequem, weil du nicht erst zur Bank musst. Allerdings kann es dir passieren, dass du schnell die Übersicht verlierst und nicht mehr weißt, wie viel Geld du ausgegeben hast. Außerdem können Gebühren dafür erhoben werden. Achte genau darauf, wenn du dein Girokonto aussuchst.

1. **In eigenen Worten: Welche drei Möglichkeiten hast du, um deinen Einkauf zu bezahlen?**

2. **Welche der drei Möglichkeiten würdest du für deinen Einkauf nutzen? Begründe.**

3. **Tauscht euch in der Klasse über eure Begründung aus.**

Hier stimmt etwas nicht!

- *Berat bezahlt an der Kasse mit seiner Girokarte. Dazu muss er die PIN eingeben. Der Kunde, der hinter ihm steht, schaut aufmerksam zu, als Berat die PIN eingibt.*

- *Herr Kacan ist sehr vergesslich. Darum schreibt er sich seine PIN auf und faltet den Zettel ganz klein. Dann steckt er ihn in seinen Geldbeutel.*

- *Liana vermisst seit einer Woche ihren Geldbeutel. Sie überlegt kurz, was in ihrem Geldbeutel drin war. „Personalausweis, Girokarte und die Fahrkarte“, denkt sie sich. „Ich habe gerade Urlaub. All das brauche ich nicht. Bargeld habe ich noch. Wird schon wieder auftauchen!“*

- *Ömer gibt eine Party. Die Getränke fehlen noch. Er hat aber keine Zeit, sie selbst zu besorgen. Er fragt seinen Kumpel, ob er die Getränke besorgen kann. Ömer gibt ihm seine Girokarte und sagt ihm die PIN.*

- *Marcel will Geld am Geldautomaten abheben. Er gibt seine PIN ein. Die PIN ist falsch. Er überlegt kurz und gibt sie ein zweites Mal ein. Wieder falsch! Er denkt noch mal nach. Nun ist er sich sicher. Er gibt sie noch mal ein. Wieder falsch! Jetzt ist die Karte weg.*

- *Aileen möchte Geld am Automaten abheben. Irgendwie sieht der Automat anders aus als sonst. Da ist so ein Plastikaufsatz drauf, der ein wenig wackelt. Die Girokarte lässt sich trotzdem reinschieben …*

- *Frau Schneider bezahlt an der Kasse mit der Girokarte. Die Kassiererin gibt ihr den Beleg, den Frau Schneider unterschreiben soll. Frau Schneider unterschreibt, ohne den Geldbetrag zu überprüfen.*

1. **Lies die Texte aufmerksam durch.**
2. **Überlege mit einer Partnerin oder einem Partner, welche Fehler hier gemacht werden.**
3. **Stellt Regeln auf, wie man es richtig macht.**
4. **Tauscht euch in der Klasse aus.**

Der Kontoauszug (1/2)

Musterbank		BIC	erstellt am		Auszug	Blatt
IBAN DE12 1234 5678 9123 4567 89		ABCDEFGHIJK	28.01.2022	17:48	3	1

Datum	Vorgang	letzter Auszug vom 25.01.2022	Saldo alt EUR	58,21+
26.01.2022	Taschengeld Oma			15,00+
26.01.2022	Barauszahlung			20,00–

Frau
Maria Muster
Musterstraße 1
23467 Musterstadt

Kontoauszug

Kontokorrent
Saldo neu EUR 53,21+

1. **Kontoauszüge können verschieden aussehen. Hier seht ihr eine Möglichkeit. Welche Wörter/Abkürzungen kennt ihr nicht? Besprecht euch in der Klasse: Was könnten sie bedeuten? Klärt ggf. gemeinsam mithilfe des Internets die Bedeutung.**

2. **Ordne folgende Wortfelder zu. Schreibe den passenden Buchstaben in den Pfeil.**
   a) Name der Bank
   b) Name und Adresse der Kontoinhaberin oder des Kontoinhabers
   c) Erstelldatum des Kontoauszugs
   d) Bank Identifier Code
   e) International Bank Account Number
   f) Das ist mit dem Geld passiert.
   g) So viel Geld wurde abgezogen oder eingezahlt.
   h) So viel Geld ist noch auf dem Konto.

Der Kontoauszug (2/2)

Hier siehst du einen Kontoauszug. Einen Kontoauszug musst du regelmäßig holen, damit du immer weißt, wie viel Geld du noch hast. Außerdem sagt dir der Kontoauszug, wie viel Geld auf deinem Konto eingegangen oder davon abgegangen ist.

1. Lies den Kontoauszug.

Musterbank	**BIC**	**erstellt am**		**Auszug**	**Blatt**
IBAN DE12 1234 5678 9123 4567 89	ABCDEFGHIJK	28.01.2022	17:48	4	1

Datum	Vorgang	letzter Auszug vom 25.01.2022	Saldo alt EUR	58,21+
26.01.2022	Taschengeld Oma			15,00+
26.01.2022	Barauszahlung			20,00–

Frau	Kontoauszug	Kontokorrent	
Maria Muster		Saldo neu EUR	53,21+
Musterstraße 1			
23467 Musterstadt			

2. Beantworte die Fragen.

a) Wie heißt die Bank?

....

b) Wem gehört das Girokonto?

....

c) Wann wurde der Kontoauszug erstellt?

....

d) Wer hat Taschengeld überwiesen?

....

e) Wie viel Geld wurde abgehoben?

....

f) Wie viel Euro hat Maria Muster noch auf ihrem Konto?

....

g) In welcher Stadt wohnt Maria Muster?

....

Eine besondere Schrift (1/2)

Du kannst der Bank Aufträge erteilen, wenn du ein Girokonto hast. Dabei gibt es verschiedene Möglichkeiten, wie du den Auftrag an die Bank geben kannst.
Möglich ist dies zum einen über das Online-Banking – dies kannst du ganz bequem mit dem Smartphone oder dem Computer machen. Du kannst zum anderen aber zur Bank gehen und dort am SB-Terminal (Selbstbedienungsautomat) eine Überweisung eintippen. Oder du nutzt in der Bank ein Überweisungsformular und füllst dieses handschriftlich aus. Bei manchen Banken kannst du das ausgefüllte Überweisungsformular auch abfotografieren und beim Online-Banking verwenden. Auf dem Überweisungsformular musst du allerdings eine bestimmte Schrift nutzen. Denn deine Aufträge werden von einem Computer gelesen. Der Computer kann nur eine Schrift lesen. Diese Schrift nennt sich Blockschrift.
Du musst sehr ordentlich schreiben, sonst versteht der Computer deinen Auftrag nicht. Du musst auch darauf achten, dass du einen blauen oder schwarzen Stift nimmst. Der Computer kann die Farbe Rot nicht sehen.

1. Worauf musst du achten, wenn du der Bank einen Auftrag erteilst? Schreibe drei Regeln in eigenen Worten auf.

....

....

....

....

....

2. Schreibe deine Adresse in Blockschrift auf.

....

....

....

3. Hat das gut geklappt? Wenn nicht: Übe die Blockschrift noch einmal. Schreibe die Buchstaben genau ins Kästchen. Nimm dir dafür Arbeitsblatt 2/2.

Eine besondere Schrift (2/2)

A																				
B																				
C																				
D																				
E																				
F																				
G																				
H																				
I																				
J																				
K																				
L																				
M																				
N																				
O																				
P																				
Q																				
R																				
S																				
T																				
U																				
V																				
W																				
X																				
Y																				
Z																				

Die Überweisung

Die Überweisung ist Teil des bargeldlosen Zahlungsverkehrs und wird heutzutage in der Regel über das Online-Banking ausgeführt. Überweisungsformulare in Papierform werden nur noch selten benutzt.
In diesem Schuljahr wollt ihr eine Klassenfahrt machen. Dafür sollst du von deinem Girokonto 150 € auf das Klassenkonto überweisen.

Dein Klassenlehrer Frank Bopp hat dafür ein Konto bei der Sparkasse Musterstadt eingerichtet. Die IBAN lautet DE12 3214 5678 9321 4567 98. Als Verwendungszweck sollst du deinen Namen angeben und das Stichwort „Klassenkasse“. Die IBAN zu deinem Konto lautet:
DE12 4563 2132 1879 4675 93.

1. **Fülle den Überweisungsträger aus.
Unterstreiche dazu zuerst die Informationen im Text, die du benötigst.**

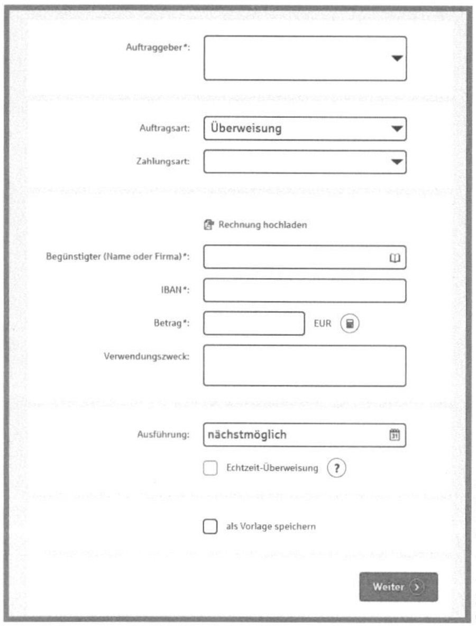

© Melanie Schölzke

2. **Begründe, warum die Überweisung zum bargeldlosen Zahlungsverkehr gehört.**
3. **Überlege dir gemeinsam mit einer Partnerin oder einem Partner, für welche weiteren Fälle man eine Überweisung tätigen muss/kann.**
4. **Denke dir gemeinsam mit einer Partnerin oder einem Partner einen weiteren Fall für deine Mitschülerinnen und Mitschüler aus. Skizziert den Fall wie in Aufgabe 1. Gebt den Fall dann an ein anderes Paar. Bearbeitet im Tausch dann deren Fall. Ihr könnt eine Kopie dieses Arbeitsblattes machen und darauf den Überweisungsträger ausfüllen.**

Die Lastschrift

Berat hat seine erste eigene Wohnung. Er will sich bei der Telekommunikationsfirma anmelden, damit er ein Festnetztelefon und Internet bekommt.
Die Firma will seine Bankdaten haben, damit sie den monatlichen Betrag von seinem Girokonto abheben kann.
Berat gibt der Firma seine Bankdaten und erteilt damit eine „Einzugsermächtigung“: Die Firma erhält das Recht, den jeweils anfallenden Betrag abzubuchen.
Nun wird sie Berats Konto jeden Monat mit seinen jeweiligen Telefon- und Internetkosten belasten.
Diesen bargeldlosen Zahlungsverkehr nennt man „Lastschrift“. Berat erlaubt einer Firma, Geld von seinem Konto abzubuchen. In diesem Fall bucht die Firma regelmäßig Geld ab.

1. Überlege dir, für welche weiteren Fälle man die Lastschrift nutzt.

....

....

....

2. Tausche dich mit einer Partnerin oder einem Partner aus.

3. Stellt eure Ergebnisse in der Klasse vor.

4. Überlegt in der Klasse, in welchen Fällen es gefährlich sein kann, seine Bankdaten weiterzugeben.

5. Sammelt gemeinsam Vor- und Nachteile einer Lastschrift.

Lastschrift/Einzugsermächtigung	
Vorteile	*Nachteile*

Der Dauerauftrag

Berat hat in seiner eigenen Wohnung regelmäßige Ausgaben. Er muss z. B. die Miete für die Wohnung und die Abschlagszahlung für Strom und Gas monatlich bezahlen. Er will nicht alle vier Wochen neue Überweisungsformulare online ausfüllen. Daher richtet er in seinem Online-Banking entsprechende Daueraufträge ein.
Bei einem Dauerauftrag überweist die Bank den geforderten Betrag automatisch zu einem bestimmten Datum. Dadurch spart Berat eine Menge Zeit.

Der Dauerauftrag ist Teil des bargeldlosen Zahlungsverkehrs und kann jederzeit erstellt, geändert oder gelöscht werden.

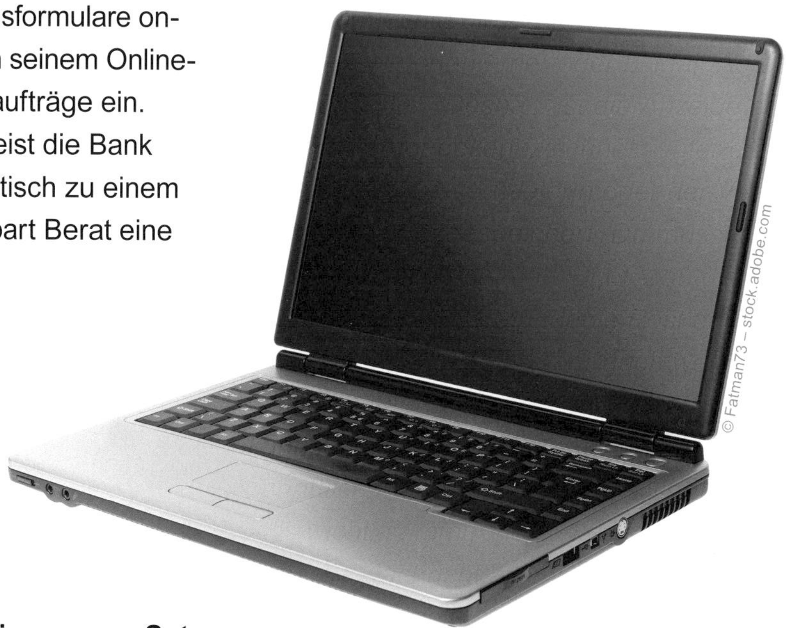

© Fatman73 – stock.adobe.com

Beantworte folgende Fragen im ganzen Satz.

a) Welche regelmäßigen Ausgaben hat Berat?

....

....

b) Nenne weitere regelmäßige Ausgaben, die im Monat entstehen können.

....

....

c) Warum richtet Berat Daueraufträge über sein Online-Banking ein?

....

....

....

Lastschrift oder Dauerauftrag?

Das Girokonto ermöglicht es dir, Rechnungen mithilfe der Lastschrift oder des Dauerauftrags zu begleichen.

Bei einem Dauerauftrag erteilst du deiner Bank den Auftrag, zu einem bestimmten Termin regelmäßig Geld auf ein anderes Konto zu überweisen. Der Dauerauftrag gilt so lange, bis du ihn änderst oder kündigst. Mit dem Dauerauftrag kannst du z. B. dafür sorgen, dass deine Miete am Anfang des Monats bezahlt wird.

Bei dem Dauerauftrag überweist du einer Firma oder Person Geld. Niemand kann von deinem Konto Geld abbuchen.

Bei dem Lastschriftverfahren erlaubst du einer Firma, Geld von deinem Konto abzubuchen. So kannst du z. B. dein Bahn-Ticket oder Mitgliedsbeiträge für dein Fitnessstudio bezahlen. Du kannst das Lastschriftverfahren jederzeit schriftlich kündigen. Dann darf die Firma kein Geld mehr von deinem Konto abbuchen. Wenn du vergisst, das Lastschriftverfahren zu kündigen, darf die Firma so lange Geld von deinem Konto abbuchen, bis du widersprichst. Du musst dir gut überlegen, wem du erlaubst, Geld von deinem Konto abzubuchen. Nicht jede Firma und jede Person verdient dein Vertrauen. Besondere Vorsicht ist im Internet geboten, denn es gibt dort viele, die betrügen.

1. **Nenne zwei weitere Beispiele für Zahlungen, die du mit einem Dauerauftrag oder einer Lastschrift erledigen kannst.**

....

....

2. **Erkläre den Unterschied zwischen einem Dauerauftrag und einer Lastschrift.**

....

....

....

3. **Welche Art der Bezahlung würdest du bevorzugen? Begründe.**

....

....

Unterschiedliche Geldgeschäfte

Beim Einkaufen, beim Friseur, in der Disco oder im Kino hast du verschiedene Möglichkeiten, Dinge zu bezahlen. Aber egal wie du zahlst, dahinter steckt immer ein Prinzip: Du tauschst dein Geld gegen eine Ware (z.B. Schuhe) oder eine Dienstleistung (z.B. Haare schneiden). Beim Bezahlen unterscheidet man heute vor allem zwischen **Barzahlung, halbbare Zahlung** und **bargeldloser Zahlung.**

Bei der Barzahlung gibst du einer Person Geld und erhältst dafür etwas. Beide, die an dem Geschäft beteiligt sind, haben Bargeld in der Hand.

Die Möglichkeit der halbbaren Zahlung wird bei manchen Geschäften im Internet angeboten. Du bestellst dir beispielsweise eine Kommode und gibst der Person, die dir die Kommode bringt, das Geld. Diese Person gibt das Geld weiter, damit es auf das Konto der Firma überwiesen wird. Hier hat nur eine der an dem Geschäft beteiligten Personen Bargeld in der Hand. Dieses Prinzip heißt „Nachnahme“ und kostet extra.

Die Lastschrift und die Überweisung sind Beispiele für die bargeldlose Zahlung. Auch die Zahlung mit der Girokarte ist bargeldlos. An der Kasse gibst du der Kassiererin oder dem Kassierer deine Karte und bezahlst so die Ware. Niemand der an dem Geschäft Beteiligten, hat Bargeld in der Hand.

1. **Barzahlung, halbbare Zahlung oder bargeldlose Zahlung? Ordne die Beispiele richtig zu. Begründe deine Wahl.**
   a) *Tom füllt beim Online-Banking einen Überweisungsträger aus, um seine Rechnung zu bezahlen.*
   b) *Ayla bezahlt ihre neue Jeans mit einem 50-€-Schein.*
   c) *Pascal bestellt sich einen neuen Computer im Internet. Er bezahlt per Nachnahme.*
   d) *Sarah freut sich. Sie bekommt Geld von den Stadtwerken zurück. Sie hat Strom gespart. Die Stadtwerke überweisen Sarah das Geld auf ihr Konto.*
   e) *Ömer bezahlt seine Telefonrechnung per Lastschriftverfahren.*
2. **Überlege dir jeweils zwei weitere Beispiele. Schreibe sie auf.**
3. **Stelle deine Beispiele in der Klasse vor und lasse sie von deinen Mitschülerinnen und Mitschülern zuordnen.**

Das Online-Banking

Das Online-Banking ermöglicht dir, deine Bankgeschäfte im Internet zu erledigen. Du kannst online Überweisungen vornehmen und deinen Kontostand überprüfen. Du kannst auch die Ein- und Auszahlungen auf deinem Konto sehen. Dadurch sparst du eine Menge Zeit. Das Online-Banking ist aber auch mit Gefahren verbunden. Im Internet gibt es viele Betrügerinnen und Betrüger, die versuchen, an deine Kontodaten zu kommen.

Wenn du dein Konto online führen möchtest, erhältst du von deiner Bank eine PIN (**P**ersönliche **I**dentifikations**n**ummer). Mit der PIN meldest du dich an. Für jeden Auftrag, den du online erteilst, brauchst du eine TAN (**T**rans**a**ktions**n**ummer). Es gibt auch Banken, die dir die TAN auf dein Smartphone senden.

Oder du erhältst eine Maschine, die an den Computer angeschlossen wird und die eine TAN nennt (ein „TAN-Generator"). Wenn du deiner Bank einen Auftrag erteilst, bestätigst du den Auftrag mit der TAN. Die TAN ersetzt deine Unterschrift.

Die PIN musst du immer so aufbewahren, dass sie niemand finden kann.

1. Würdest du deine Bankgeschäfte im Internet durchführen? Begründe.

....

....

....

....

2. Was musst du beachten, wenn du Online-Banking machst? Stelle Regeln auf. Stelle sie in der Klasse vor. Ergänzt gemeinsam diese Regeln.

....

....

....

....

3. Informiere dich im Internet zum Thema „Phishing". Was ist das und was kann man dagegen tun? Nutze dafür z. B. Wikipedia. Stelle dein Ergebnis in der Klasse vor.

Durchblick im Spardschungel (1/2)

Es gibt unterschiedliche Gründe, Geld zu sparen:

- man möchte ein Auto, ein Möbelstück oder eine Immobilie kaufen
- man möchte Rücklagen für das Alter oder für schlechtere Zeiten bilden
- man möchte seine Wohnung renovieren
- man möchte Geld für seine Kinder zurücklegen

Je nachdem, wofür du sparen möchtest, gibt es unterschiedliche Sparformen. Die hängen auch vom Sparzeitraum und der Höhe der Beträge ab. Außerdem sind sie davon abhängig, ob du in Notfällen schnell auf dein Geld zurückgreifen willst oder nicht.
Vielleicht ist dir das klassische Sparschwein noch ein Begriff. Wenn du Geld sparen möchtest, ist es aber grundsätzlich besser, das Geld weder auf das eigene Girokonto noch ins Sparschwein zu legen. Erstens gibt man das Geld dann oftmals doch aus. Zweitens gibt es in der Regel keine Zinsen (nur bei wenigen Girokonten erhältst du sehr geringe Zinsen). Zu dem Begriff „Zinsen" siehe Infokasten.

Weitere Möglichkeiten, die Banken zum Sparen anbieten:

- **Sparbuch:**
  Kurzinfo: Bei der Bank wird ein Sparkonto eingerichtet. Ein- und Auszahlungen werden im Sparbuch festgehalten.
  → einfache Handhabung, aber höchstens sehr geringer Zins, nur bis zu einem bestimmten Betrag monatlich Geld abhebbar (in der Regel ca. 2000 €)
- **Tagesgeldkonto:**
  Kurzinfo: Konto mit Zinsen, auf das täglich zugegriffen werden kann
  → sehr geringer Zins, Geld jederzeit erreichbar, Bank kann jederzeit Zinssatz ändern
- **Festgeldkonto:**
  Kurzinfo: Konto mit Zinsen, auf das nur nach vertraglich vereinbarten Zeiträumen zugegriffen werden kann
  → lange Zeit war das Festgeldkonto sehr beliebt, inzwischen sind die Zinsen nicht mehr sehr hoch, in der Regel gibt es aber einen höheren Zins als beim Tagesgeld, Zinsen sind vertraglich festgelegt, Geld ist über bestimmten Zeitraum fest angelegt

Zinsen

Zinsen sind ein bestimmter Prozentsatz eines Betrages, den das Unternehmen, mit dem du einen Vertrag hast, entweder auf dein Angespartes zahlt oder auf dein Darlehen (Kredit) erhebt.

- Mittlerweile bekommt du nur noch sehr geringe oder gar keine Zinsen für deine Ersparnisse. Es müssen sogar Negativzinsen bezahlt werden, wenn die Ersparnisse eine gewisse Summe überschreiten.
- Wenn du ein Darlehen (Kredit) aufnimmst, berechnet dir das Unternehmen, mit dem du einen Vertrag hast, je nach Art des Darlehens unterschiedlich hohe Zinsen.

Prüfe darum immer genau den Zinssatz!

Durchblick im Spardschungel (2/2)

- **Bausparvertrag:**
  Kurzinfo: Beim Bausparvertrag geht es darum, Geld zurückzulegen, um sich später etwas Teures leisten zu können. Dazu schließt man einen Vertrag mit einer Bausparkasse. In dem Vertrag ist geregelt, wie viel Geld am Ende zur Verfügung stehen soll. Über einen langen Zeitraum spart man einen vertraglich festgelegten Teil dieses Betrages selbst an. Den anderen Teil erhält man dann von der Bausparkasse zu einem fest vereinbarten relativ niedrigen Zinssatz als Darlehen (Kredit).
  → nicht geeignet für kurzfristiges Sparen, vertraglich vereinbarte Summe muss erspart werden, geringe Zinsen während des Ansparens, Zinssatz des Darlehens kann sich nicht ändern

- **Investment-Fonds (auch kurz Fonds genannt)**
  Kurzinfo: Wenn man Geld in Fonds anlegt, geht man ein gewisses Risiko ein. Man kann bei Fonds nämlich auch Geld verlieren. Zugleich ist es möglich, höhere Zinsen als bei den vorher genannten Sparmöglichkeiten zu erhalten. Bei Fonds stellt man sein Geld beispielsweise zur Verfügung, damit es in verschiedene Arten von Aktien oder Immobilien gesteckt (investiert) wird.
  → nicht geeignet für kurzfristiges Sparen, mit Kosten verbunden, Zinssatz ist nicht vorhersehbar, höhere Gewinne sind möglich, aber auch Verluste

Weitere Möglichkeiten bestehen darin, sein Geld für Aktien einer einzelnen Firma oder Versicherungen (Renten- und Lebensversicherungen) zu nutzen.
Wenn du Geld zurücklegen möchtest, ist es am besten, in eine Bank zu gehen und sich beraten zu lassen. Du solltest die Angebote einer Bank mit den Angeboten anderer Banken vergleichen. Oftmals gibt es große Unterschiede bei den Banken.

1. **Lege eine Tabelle an. Trage die oben aufgeführten Sparformen ein. Liste Vor- und Nachteile auf.**
2. **Welche Sparform würdest du wofür nutzen? Welche würdest du gar nicht nutzen?**
3. **Suche dir eine Partnerin oder einen Partner. Informiert euch, z. B. telefonisch bei einer Bank oder einer Versicherung oder im Internet, über**
   a) Aktien,
   b) Rentenversicherungen *oder*
   c) Lebensversicherungen.
   Gestaltet ein Plakat mit euren Ergebnissen. Listet Vor- und Nachteile auf. Stellt das Plakat euren Klassenkameradinnen und Klassenkameraden vor.

Der Dispositionskredit

Damit dir dein Arbeitgeber oder deine Arbeitgeberin deinen Lohn überweisen kann, brauchst du ein Girokonto. Das Geld, das sich auf deinem Girokonto befindet, gehört dir. Du kannst darüber frei verfügen.
Trotzdem musst du darauf achten, dass du nur so viel Geld ausgibst, wie sich auf deinem Konto befindet. Gibst du mehr Geld aus, überziehst du dein Konto. Du machst Schulden bei deiner Bank. In der Banksprache heißt das „Dispositionskredit“ oder „Kontoüberziehungskredit“.

Die Bank leiht dir dieses Geld nicht einfach so, sondern verlangt dafür Dispositionszinsen oder Überziehungszinsen. Du musst der Bank also mehr Geld zurückzahlen, als du dir geliehen hast. Das kann sehr schnell sehr teuer werden. Im Jahr 2021 nahmen die Banken im Durchschnitt 12 % Zinsen, wenn jemand sein Konto überzogen hatte.
Hole dir regelmäßig Kontoauszüge und überprüfe deine Ausgaben. Achte darauf, dass du nur so viel Geld ausgibst, wie du besitzt.

1. **Esma hat noch 325 € auf ihrem Konto. Sie hat Urlaub und will unbedingt weg. Die Reise kostet 635 €. Berechne die Zinsen, falls sie sich dazu entschließt, zu fahren.**
2. **Was würdest du Esma raten? Begründe deine Meinung.**
3. **Welche anderen Möglichkeiten hätte Esma?**

Der Ratenkredit

Manche Einkäufe kannst du nicht einfach so von deinem Lohn bezahlen. Das neue E-Bike, das neue Auto oder die neuen Möbel für die Wohnung kosten oftmals mehr, als du monatlich erhältst. Daher ist es gut, monatlich Geld zu sparen. Wenn du regelmäßig einen bestimmten Betrag zur Seite legst, spürst du das meistens gar nicht in deinem Geldbeutel. Der Betrag muss nicht groß sein, denn über die Zeit sammelt sich das Geld an.
Es kann trotzdem vorkommen, dass du plötzlich einmal mehr Geld brauchst, als du auf dem Konto hast. Dann kannst du zu deiner Bank gehen und einen Ratenkredit beantragen.
Die Bank leiht dir Geld, verlangt dafür aber hohe Zinsen. Das geliehene Geld plus die Zinsen musst du dann monatlich in Raten zurückzahlen. Bevor die Bank dir das Geld leiht, prüft sie, ob du bei anderen Banken schon Kredite hast. Sie prüft auch, ob du so viel Geld verdienst, dass du den Kredit zurückzahlen kannst.
Wenn du einen Kredit nutzt, verpflichtest du dich, jeden Monat pünktlich die Rate zu zahlen. Schaffst du das nicht, wird die Bank schnell ungemütlich.
Oftmals kannst du auch einen Ratenkauf im Laden vereinbaren, in dem du einkaufen möchtest. Aber auch bei diesem Ratenkauf zahlst du hohe Zinsen. Schaffst du es nicht, die Ware zu bezahlen, musst du die Ware wieder zurückgeben (oder sie wird gepfändet, also beschlagnahmt).

1. Diskutiert in der Klasse: Was spricht für, was gegen einen Ratenkredit? Haltet eure Ergebnisse schriftlich fest.

2. Wie würdest du dich entscheiden, wenn du etwas Größeres anschaffen willst? Warten und darauf sparen oder einen Ratenkredit in Anspruch nehmen? Begründe deine Meinung schriftlich.

3. Suche im Internet unter www.verbraucherzentrale.de die Adresse der Verbraucherzentrale in deiner Nähe. Rufe dort an und finde heraus, inwieweit die Verbraucherzentrale dich in Sachen Kredite/Finanzen beraten kann und was eine Beratung kostet. Präsentiere dein Ergebnis in der Klasse.

Die Schuldenfalle

Banken, Versandhandel, Kaufhäuser und Firmen machen es den Kundinnen und Kunden oft sehr leicht, Kredite aufzunehmen oder Waren in Raten abzubezahlen. Sie tun das, weil sie damit zusätzliches Geld verdienen und sich recht sicher sein können, dass sie irgendwie an ihr Geld kommen.

Lea hat sich für verschiedene Dinge Geld geliehen.
Nun hat sie ein Problem:

1. **Was hätte Lea anders machen können?
Schreibe mindestens zwei Tipps auf.**
2. **Tausche dich mit einer Partnerin oder einem Partner über die Tipps, die ihr euch überlegt habt, aus.
Einigt euch gemeinsam auf zwei eurer Tipps.
Stellt diese in der Klasse vor.**
3. **Suche im Internet unter www.forum-schuldnerberatung.de die Adresse und die Öffnungszeiten der Schuldnerberatung in deiner Nähe heraus. Die Schuldnerberatung berät dich, wenn du schon Schulden hast. Sie gibt dir auch Tipps, wie du Schulden vermeiden kannst.**
4. **Fragt als Klasse nach, ob ihr die Schuldnerberatung besuchen könnt.
Sammelt für euren Besuch gemeinsam Fragen, die ihr stellen wollt.**

Checkliste für den Lebensordner

Diese Unterlagen benötige ich, wenn ich ein Girokonto eröffnen möchte und noch nicht volljährig bin:	
Diese Unterlagen benötige ich, wenn ich ein Girokonto eröffnen möchte und volljährig bin:	
Wenn ich ein Girokonto habe, muss ich auf Folgendes achten:	
Wenn ich meiner Bank einen Auftrag erteile, muss ich auf Folgendes achten:	
Wenn ich Online-Banking mache, muss ich auf Folgendes achten:	
Adresse und Öffnungszeiten der Verbraucherzentrale in meiner Nähe (u. a. Beratung in Sachen Finanzen/Geldanlagen; kostenpflichtig!):	
Adresse und Öffnungszeiten der Schuldnerberatung in meiner Nähe (Beratung in Sachen Schulden):	

Was bedeutet was?

Bankleitzahl	Die Bankleitzahl hat immer acht Ziffern. Durch die Nennung der Nummer weiß man, an welche Bank das Geld gezahlt wird.
Bankschalter	Der Bankschalter hat bestimmte Öffnungszeiten. Dort wendest du dich mit deinem Anliegen an einen Bankangestellten oder eine Bankangestellte.
Dispositionskredit	Wenn du mehr Geld von deinem Girokonto abhebst, als du noch hast, nutzt du den Dispositionskredit. Die Bank leiht dir Geld und du machst Schulden. Für das Darlehen zahlst du extra.
Dispositionszinsen	Wenn du dein Girokonto überziehst, musst du der Bank mehr Geld zurückzahlen, als du dir geliehen hast: die Dispositionszinsen.
Geldautomat	An diesem Gerät kannst du unabhängig von den Öffnungszeiten der Bank Geld von deinem Girokonto abheben.
Phishing	Phishing nennt man den Versuch von Betrügerinnen und Betrügern, u. a. an deine Bankdaten für das Online-Banking zu kommen.
PIN	Die persönliche Identifikationsnummer ist eine Folge verschiedener Zahlen. Du solltest sie auswendig können. Du musst die PIN wissen, wenn du deine EC-Karte nutzt. Wenn du Online-Banking machst, erhältst du dafür in der Regel noch eine eigene PIN. Behalte deine PIN immer für dich.
Schufa	Die Schufa ist eine Stelle, die Auskunft darüber erteilt, ob du „kreditwürdig“ bist, also ob du irgendwo Schulden hast o. Ä. Wenn du z. B. einen Kredit aufnehmen oder einen Mietvertrag abschließen willst, kann es sein, dass du nach einer Schufa-Auskunft gefragt wirst oder die Bankangestellte, der Bankangestellte, die Vermieterin oder der Vermieter … eine Auskunft einholt.
TAN	Die Transaktionsnummer ist eine Folge von Zahlen, die du eingibst, wenn du deiner Bank online einen Auftrag erteilst. Für jeden Auftrag brauchst du eine neue TAN.
Verwendungszweck	Den Verwendungszweck gibst du bei einer Überweisung an. Dann weiß der Empfänger oder die Empfängerin, wofür du das Geld überwiesen hast.
Zinsen	Von deiner Bank bekommst du Zinsen für das Geld, das du bei bestimmten Sparmöglichkeiten einzahlst. Du erhältst mehr Geld von der Bank, als du ihr gegeben hast. Du bekommst sozusagen Geld von der Bank geschenkt, weil du Geld bei ihr anlegst. Umgekehrt bezahlst du auch Zinsen für Geld, das du dir bei der Bank leihst.

Die erste Wohnung

Erste Gedanken zur eigenen Wohnung

Das ist Anela. Sie ist 20 Jahre alt. Anela arbeitet in einem Lebensmittelgeschäft als Kauffrau im Einzelhandel. Sie bekommt im Monat 1440 € auf ihr Konto ausgezahlt.
Noch wohnt sie bei ihrer Mutter.
Jetzt möchte sie gerne ausziehen.
Sie will sich eine eigene Wohnung suchen.
Ein Auto kann sich Anela nicht leisten.
Anelas Arbeitsplatz ist in der Innenstadt.
Sie fährt mit dem Fahrrad oder mit der Straßenbahn.

Bevor Anela sich auf die Suche nach einer geeigneten Wohnung macht, stellt sie sich verschiedene Fragen.

Überlege, welche Fragen vor der Suche nach einer Wohnung wichtig sind.

....

....

....

....

....

....

....

....

....

....

Wichtige Informationen für ALG II-Empfängerinnen und -Empfänger (1/2)

Das ist Leon. Er ist 22 Jahre alt. Nach seiner Ausbildung konnte er keine Arbeitsstelle finden. Er empfängt inzwischen Arbeitslosengeld II (ALG II). Noch wohnt Leon bei seinen Eltern. Er hat häufig Streit mit ihnen. Daher möchte er sich eine eigene Wohnung mieten.
Von einem Freund weiß er, dass er als Arbeitslosengeld-Empfänger einiges zu beachten hat.

© PanicAttack – Shutterstock.com

Bevor Leon sich auf die Suche nach einer geeigneten Wohnung macht, benötigt er einige wichtige Informationen. Finde die Antworten zu den folgenden Fragen. Nimm dir dazu das Arbeitsblatt „Wichtige Informationen für ALG II-Empfänger (2/2)" zur Hand.

a) Leon verdient kein eigenes Geld. Woher kann er das Geld für die Mietkosten für eine eigene Wohnung bekommen?

....

....

b) Wie groß darf die neue Wohnung von Leon sein?

....

....

c) Wie kann Leon die Kosten für den Strom und die Heizung bezahlen?

....

....

d) Welche Möglichkeit gibt es für Leon, seine Wohnung einzurichten?

....

....

Wichtige Informationen für ALG II-Empfängerinnen und -Empfänger (2/2)

(Die Angaben gelten beispielhaft für das Jahr 2022)

ALG II	Arbeitslosengeld II (ALG II) können Menschen erhalten, die mindestens drei Stunden pro Tag arbeiten können. Diese müssen außerdem mindestens 15 Jahre alt sein und dürfen die Altersgrenze für ihre Rente noch nicht erreicht haben. Ab 25 Jahren muss ein eigener Antrag auf Arbeitslosengeld II gestellt werden. Wie viel Geld jede einzelne Person bekommt, ist im „Regelbedarf" festgelegt.
Regelbedarf	Der „Regelbedarf" ist so berechnet, dass die notwendigsten Dinge bezahlt werden können. Dazu gehören z. B. Lebensmittel, Kleidung, Strom, Körperpflege, Haushaltsgegenstände und die Bedürfnisse des täglichen Lebens. Der höchste Betrag sind 449 €. Dieses Geld bekommen Alleinstehende, Alleinerziehende sowie Volljährige, deren Partnerin oder Partner noch unter 18 Jahren ist.
Unterkunft und Heizung	Miete und Heizung werden ebenfalls bezahlt. Dies gilt aber im Normalfall nur für Erwachsene ab 25 Jahren. Die Wohnung darf nicht zu groß sein. Jüngere Menschen benötigen für eine eigene Wohnung eine besondere Genehmigung.
Wohnungsgröße	Die Miete und die Heizkosten werden nur übernommen, wenn die Wohnung nicht zu groß ist: bis ca. 50 m² für eine Person, bis ca. 60 m² für zwei Personen, bis ca. 15 m² mehr für jede weitere Person.
Einmalige Leistungen	In Ausnahmefällen werden auch zusätzliche Dinge bezahlt, z. B. die erste Einrichtung der Wohnung und Haushaltsgeräte oder die ersten notwendigen Dinge für ein Baby.

Tipp:
Mehr Informationen findest du unter **www.arbeitsagentur.de**

Wohnungsanzeigen richtig verstehen

Immobilienwelt – Wohnungen zur Miete

60 m^2, 2-Zi.-Wohnung, 2. OG, KDB, zus. WC, West-Balkon, Gartenmitben., KM 588 €, 2 MM Kaution, ab 01.07., Tel. 857367

Exklus. DG-Wohnung, 100 m^2, Stadtrandlage, Süd-Loggia, Erstbez., Wannenbad, sep. WC, Einbauküche, Garage, 1189 € zuzügl. NK, Tel. 54735

2-Zi.-Wohng., ca. 40 m^2, KDB, Innenstadt, MFH, Laminat, EBK, 2 MM Kaution, Miete einschl. NK 465 €, Tel. 354647

1-Zi-App., 35 m^2, renoviert, EG, Südterr., Citynähe, Pantryküche, an eine Person, ab 15.08., 390 € ohne NK, Zuschriften unter Chiffre 234/838

Single-Wohnung, 2 Zi. KDB, 47 m^2, Neubau, gute Bahnanbindung, kl. Balkon, sep. Eingang, sofort bezugsfertig, KM 470 € zuzgl. NK, Tel. 29017337

3-Zi.-Luxus-Wohnung, Küche, Diele, Bad, sep. Duschbad, Hobbykeller, Garten, im Grünen, 1185 € + 200 € NK, ab Oktober, IMMOBILIEN WALTER, Courtage, Tel. 3546474

Sowohl im Internet als auch in der Tageszeitung kann man viele Wohnungsanzeigen finden. Oft sind diese Anzeigen wegen der vielen Abkürzungen schwer zu lesen.

1. Was könnten die folgenden Abkürzungen bedeuten:

Zi	....	MM	....
App	....	NK	....
EG/DG	....	EBK	....
KDB	....	MFH	....
KM	....		

2. Was sind Kaution und Courtage? Informiere dich im Internet und erkläre die Wörter einer Partnerin oder einem Partner.

3. Entwirf selbst eine Anzeige für deine Traumwohnung. Benutze Abkürzungen und schreibe den Text in dein Heft.

Sich schriftlich um eine Wohnung bewerben

Leon trifft sich am Samstag mit einem Freund. Gemeinsam suchen sie im Anzeigenteil der Tageszeitung nach einer passenden Wohnung für Leon. Eine Anzeige interessiert ihn besonders:

> 1-Zi-App., 35 m², renoviert, EG, Südterr., Citynähe, Pantryküche, an eine Person, ab 15.08., 390 € ohne NK, Zuschriften unter Chiffre 234/838

Leon weiß nicht, was mit dem Begriff „Chiffre 234/838“ gemeint ist. Sein Freund erklärt es ihm.

„Das Wort ‚Chiffre‘ bedeutet ‚Null‘. Bei dieser Anzeige möchte die Person, die etwas vermietet, ihre Telefonnummer oder E-Mail-Adresse nicht angeben. Deshalb ist die Anzeige nur mit einer Nummer gekennzeichnet. Unter dieser Nummer ist die Vermieterin oder der Vermieter bei der Zeitung gespeichert. Du musst dein Interesse schriftlich – als Brief – an die Zeitung senden. Diese übergibt deine Post dann der vermietenden Person. Aber auch wenn wir jetzt gleich im Internet nach Wohnungen schauen, kannst du mit den Vermietenden online oft nur schriftlich Kontakt aufnehmen. Hier ist es ebenfalls wichtig, immer höflich zu formulieren und dass die Nachricht alle wichtigen Angaben über dich enthält.“

Versetze dich in die Lage von Leon und schreibe einen Brief an eine Vermieterin oder einen Vermieter. Wenn du Informationen liefern möchtest, die dir fehlen, kannst du dir diese ausdenken.

Falte den Brief anschließend. Schreibe dann die Adresse der Zeitung und deinen Absender auf die Außenseite.
(Adresse der Zeitung:
Musterstädter Zeitung
Bahnhofstraße 60
***12345 Musterstadt*)**

> **Tipp:**
> Die Anschrift der Zeitung befindet sich meist unter der Überschrift „Impressum“ im Inneren der Zeitung.

Der Umgang mit der Mailbox

Am Samstag sitzt Anela am Frühstückstisch und liest die Zeitung.
Eine Anzeige springt ihr sofort ins Auge:

> Single-Wohnung, 2 Zi. KDB, 47m², Neubau, gute Bahnanbindung, kl. Balkon, sep. Eingang, sofort bezugsfertig, KM 470 € zuzgl. NK, Tel. 29017337

Sie möchte unbedingt zu den ersten Anruferinnen und Anrufern gehören.
Sofort greift sie zum Telefon.
Leider geht am anderen Ende der Leitung nur die Mailbox an.
Folgende Aussage ist zu hören:
„Guten Tag. Dies ist der Anschluss der Familie Mohrmann.
Leider können wir Ihren Anruf gerade nicht entgegennehmen.
Nach dem Signalton können Sie uns aber eine Nachricht hinterlassen.
Wir rufen Sie gerne zurück.“

1. Welche Nachricht könnte Anela auf die Mailbox sprechen?

„Guten Tag, mein Name …

2. Übe diesen Anruf mit einer Partnerin oder einem Partner in einem Rollenspiel. Lasst euch von der Klasse Feedback geben.

Die Wohnungssuche im Internet

Nach einer Wohnung kannst du natürlich auch im Internet suchen. Es gibt verschiedene Anbieter, die für ganz Deutschland Wohnungsanzeigen bereithalten. Praktisch ist, dass es hier oft Bilder gibt. Passe aber auf, dass die Vermittlung nicht über einen Makler oder eine Maklerin läuft. Dann fallen zusätzliche Kosten an.

Um einen Anbieter zu finden, nutzt du eine Suchmaschine wie google.com, ecosia.org oder metager.de. Gib in das Suchfeld der Suchmaschine das Stichwort „Wohnungssuche“ ein.

Wohnungssuche	Suche

1. Suche, wie oben angegeben, im Internet Seiten mit Wohnungsanzeigen. Notiere drei Adressen passender Internetseiten.

2. Gehe auf eine der angegebenen Seiten. Suche nach einer Wohnung mit zwei Zimmern (ca. 40–50 m²) in Kassel, die unter 650 € Kaltmiete kostet. Notiere weitere vier Informationen, die du über die Wohnung bekommst.

3. Suche deine Traumwohnung im Internet. Berichte einer Partnerin oder einem Partner von dieser Wohnung.

Eine Anzeige im Internet

Anela hat folgende Anzeige im Internet gefunden:

Helle 2-Zimmer-Wohnung in der Innenstadt

© eyeami – stock.adobe.com

Kaltmiete:
380,00 EUR
Nebenkosten:
130,00 EUR
Gesamtmiete:
510,00 EUR

Kaution:
500,00 EUR
Courtage:
760,00 EUR

Kontakt:
Herr G. Mietmann
Mietmann-Immobilien
Mobil: 0987-654321
Telefon: 0123-456789

Hauptkriterien

Zimmer:	2,00
Wohnfläche ca.:	38 m²
Wohnungstyp:	Etagenwohnung
Etage:	1
Etagenanzahl:	4
Schlafzimmer:	1
Badezimmer:	1
Bezugsfrei ab:	sofort
Haustiere:	nach Vereinbarung
Balkon/Terrasse:	+
Garage/Stellplatz:	–

Objektbeschreibung
2-Zimmer-Wohnung im Hochparterre eines modernisierten Mehrfamilienhauses mit Zentralheizung und Balkon; die nächste Bushaltestelle, Geschäfte für den täglichen Bedarf sowie Arztpraxen und Apotheken sind innerhalb weniger Minuten fußläufig zu erreichen.

Ausstattung
Die Wohnung verfügt über ein älteres, gefliestes Wannenbad; Küche mit Fenster, aber ohne Einbauten (Herd und Spüle können ggf. gestellt werden); Linoleumböden; Kasten-Doppelfenster mit Jalousien, teilweise elektrisch; Klingel-/Gegensprechanlage; Kellerraum.

Lies die Internetanzeige und beantworte die folgenden Fragen im Heft.

a) Wie viel Miete muss Anela mit den Nebenkosten bezahlen?
b) Mit wem kann sich Anela telefonisch in Verbindung setzen?
c) Wie viel Geld muss Anela zusätzlich zu der Miete einmalig bezahlen?
d) In welcher Etage liegt die Wohnung?
e) Wann wird die Wohnung frei?
f) Wie viele Etagen hat das Haus insgesamt?
g) Hat die Wohnung eine Badewanne?
h) Gehört zu der Wohnung auch ein Kellerraum?

Ein Zettel am Baum

Leon hat einen Zettel an einem Baum entdeckt.
Diese Idee findet Leon super!
Sofort setzt er sich an seinen Schreibtisch und entwirft einen witzigen Zettel für seine eigene Suche.

© Katerina Davidenko – Shutterstock.com

Gesucht!!
Nette Familie mit zwei Kindern (3 und 5 Jahre) und Hund sucht ab Mai eine 4-Zimmer-Wohnung bis 700€ Warmmiete in der Innenstadt.
Gerne pflegen wir auch einen Garten!
Da wir berufstätig sind, erreichen Sie uns am besten abends oder am Wochenende unter der Telefonnummer 0123-987654.

1. **Nimm ein weißes DIN-A4-Blatt und entwirf eine Suchanzeige für deine Traumwohnung.**
2. **An welchen Orten könnte man eine solche Anzeige noch aufhängen?**

....

....

....

....

Das Gespräch mit dem Vermieter

Das erste Telefonat gibt der Vermieterin oder dem Vermieter bereits einen ersten Eindruck von der Person, die an einer Wohnung interessiert ist. Der Anruferin oder dem Anrufer bietet das Telefonat die Möglichkeit, offene Fragen zu klären.

1. Auf welche Fragen von Leon antwortet der Vermieter in diesem Gespräch?

Leon: ....

Vermieter: Die Wohnung ist insgesamt 44 m² groß.

Leon: ....

Vermieter: Die Nebenkosten betragen 95 €. Darin enthalten ist auch die Flurreinigung. Hinzu kommen noch die Kosten für Gas und Strom.

Leon: ....

Vermieter: Es sind noch sieben weitere Mietwohnungen im Haus.

Leon: ....

Vermieter: Die Wohnung ist ab dem kommenden Monat frei.

Leon: ....

Vermieter: Das Haus verfügt über eine Gas-Zentralheizung.

Leon: ....

Vermieter: Kleintiere und Katzen sind erlaubt, Hunde nicht.

Leon: ....

Vermieter: Am Ende der Straße befinden sich eine U-Bahn-Station und eine Bushaltestelle.

Leon: ....

Vermieter: Nein, außer Ihnen gibt es derzeit keine weiteren Interessenten für die Wohnung.

Leon: ....

Vermieter: Ja gerne. Morgen um 18.00 Uhr können wir uns an der Wohnung treffen.

Leon: Vielen Dank. Bis morgen. Auf Wiederhören.

2. Übe das Gespräch als Rollenspiel mit einer Partnerin oder einem Partner.

3. Suche dir im Internet oder in der Zeitung eine Anzeige. Prüfe, welche Fragen deiner Meinung nach noch zu klären sind. Schreibe diese Fragen in dein Heft.

Der erste Besichtigungstermin

Bei einem Besichtigungstermin stellt die oder der Vermietende nicht nur die Wohnung vor. Sie oder er macht sich auch ein Bild von der an der Wohnung interessierten Person. Es ist also wichtig, einen „guten Eindruck" zu hinterlassen.

1. **Lege eine Tabelle quer im Heft mit folgenden Spalten an: angemessenes Verhalten beim Besichtigungstermin/ unangemessenes Verhalten beim Besichtigungstermin**
2. **Schneide die unten aufgeführten Verhaltensweisen aus und klebe sie in die richtige Spalte.**
3. **Finde für jede Spalte noch drei weitere Verhaltensweisen.**
4. **Vergleiche deine Lösungen mit denen einer Partnerin oder eines Partners. Tauscht eure Meinungen aus.**

- Anela hat verschlafen.
  Sie ist nun einige Minuten zu spät.
- Anela hat Angst, dass ihr etwas Wichtiges entgeht.
  Sie nimmt einen Freund mit.
- Um nichts zu vergessen, hat sich Anela einige Fragen auf einem Zettel notiert.
- Vor dem Termin fragt Anela eine Freundin, worauf sie bei der Wohnung achten sollte.
- Anela stellt lieber nicht zu viele Fragen.
  Sie will den Vermieter nicht nerven.
- Anela hat sich eine Bescheinigung ihres Arbeitgebers über ihre Anstellung besorgt.
  Diese nimmt sie direkt mit zu dem Termin.
- Anelas Handy klingelt schon zum dritten Mal laut in ihrer Tasche.
  Sie nimmt das Gespräch an und spricht eine Weile mit ihrer besten Freundin.
- Der Vermieter ist nur ein paar Jahre älter als Anela.
  Sie duzt ihn direkt.
- Anela bemüht sich, freundlich mit dem Vermieter zu sprechen.
- Anela war vor dem Termin beim Handballtraining.
  Da die Zeit knapp wurde, hat sie auf das Duschen und Umziehen verzichtet.
- Der Vermieter ist noch nicht da. Anela wartet vor dem Haus.
  Die Zeit nutzt sie für eine Zigarette.

Die Mietkosten (1/2)

Die Mietkosten für eine Wohnung setzen sich aus der **Kaltmiete (Grundmiete)** und den **Nebenkosten** zusammen. Die Gesamtkosten (die sogenannte **Warmmiete**) müssen monatlich an den Vermieter oder die Vermieterin gezahlt werden.

Anela hat sich verschiedene Wohnungen angesehen.
Sie möchte den Überblick über die Angaben und die Mietpreise nicht verlieren.
Aus diesem Grund hat sie eine Tabelle angelegt.
Anhand dieser Tabelle will sie die Kosten vergleichen.

	Kaltmiete pro m²	Kaltmiete insgesamt	Nebenkosten	Gesamtkosten (Warmmiete)
Lessingstraße 12 1 Zimmer, Küche, Bad, kein Balkon, 1. Etage, 35 m²	7,90 €	35 x 7,90 € = 276,50 €	73,30 €	276,50 € + 73,30 € = 349,80 €
Burgwall 7 2 Zimmer, Küche, Bad, Balkon, 3. Etage, 52 m²	8,30 €		83,00 €	
Zeisigweg 45 Appartement, Terrasse, Erdgeschoss, 41 m²	11,50 €		94,30 €	
Dudenstraße 126 3 Zimmer, Küche, Bad, kein Balkon, 4. Etage, 61 m²	9,10 €		91,20 €	
Schwanenallee 11 2 Zimmer, Küche, Bad, Balkon, 1. Etage, 54 m²	10,50 €		122,40 €	

1. **Rechne die Kosten für jede Wohnung aus.**
2. **Für welche Wohnung würdest du dich entscheiden?**
   Begründe deine Antwort im Heft.

Die Mietkosten (2/2)

Berechne die Aufgaben anhand der Daten der Tabelle. Arbeite im Heft. Die Aufgaben mit Sternchen sind besonders anspruchsvoll.**

a) Wie hoch wären die Gesamtkosten der Wohnung in der Lessingstraße, wenn sich der Preis pro m² um 1 € erhöhen würde?

b) Wie hoch wären die Gesamtkosten der Wohnung in der Schwanenallee, wenn sich die Nebenkosten verdoppeln würden?

c) Wie hoch wären die Gesamtkosten der Wohnung am Burgwall, wenn der Preis pro m² um 0,30 € gesenkt würde?

d) Wie hoch wären die Kosten der Wohnung in der Lessingstraße, wenn sich die Wohnfläche durch den Anbau eines Balkons um 4 m² vergrößern würde?

e) Wie hoch wären die Kosten für eine Person, wenn man zu zweit in die Wohnung am Burgwall einziehen würde?

f) Wie hoch wären die Kosten am Zeisigweg, wenn man durch die Pflege des Vorgartens 0,50 € pro m² erlassen bekäme?

g) Wie hoch sind die Nebenkosten pro m² in den einzelnen Wohnungen?

h) **Wie hoch ist der durchschnittliche Preis für 1 m² aller fünf Wohnungen?

i) **Wie hoch wären die Kosten der Wohnung in der Dudenstraße, wenn die Nebenkosten um 10 % erhöht würden?

Die Nebenkosten

Das Wort „Nebenkosten“ taucht bei Mietwohnungen immer wieder auf.
Die **Nebenkosten** setzen sich aus Einzelbeträgen für den „Betrieb“ des Hauses zusammen.
Diese **Betriebskosten** werden auf alle Mieterinnen und Mieter verteilt.
Die folgende Tabelle aus einem Mietvertrag verdeutlicht dies.

Betriebskosten-Zusatzvereinbarung

Hier ankreuzen	Betriebskostenart	Monatliche Vorauszahlung zur Zeit
X	Allgemeinstrom (Eingang, Treppenhaus, Keller)	2,20 €
X	Wasser	9,10 €
X	Abwasser	4,90 €
X	Straßenreinigung	19,60 €
X	Müllabfuhr	35,00 €
X	Grundsteuer	8,00 €
X	Versicherungen	8,40 €
X	Schornsteinfegerarbeiten	12,00 €
X	Heizung Treppenhaus	4,80 €
	Aufzug	
	Kabelanschluss	
	Gartenpflege	
	Hausreinigung	
	Hauswartarbeiten	
		Summe =

1. **Warum taucht für einige Betriebskostenarten (z. B. Aufzug) kein Betrag auf?**
2. **Rechne aus, wie hoch die monatlichen Nebenkosten hier sind.**
3. **Wie hoch wären die Nebenkosten für die Mieterin oder den Mieter, wenn noch folgende Beträge hinzukämen: Aufzug 5,00 €, Gartenpflege 5,50 €, Hausreinigung 15,00 €, Hauswartarbeiten 12,00 €**
4. **Frage deine Eltern, andere Verwandte oder Personen aus deinem Freundeskreis nach ihren Nebenkosten.**
5. **Übertrage die Tabelle in dein Heft und trage die erfragten Nebenkosten dort ein. Gibt es zusätzliche Posten? Trage auch diese ein.**

Die Nebenkostenabrechnung

Die Höhe der monatlichen Nebenkosten ist zunächst ein geschätzter Betrag. Einige Kosten (z. B. der allgemeine Stromverbrauch) können erst am Ende eines Jahres genau bestimmt werden. Die Vermieterin oder der Vermieter hat die Pflicht, für jede Wohnung eine genaue Abrechnung zu erstellen. Diese kommt einmal jährlich. Wenn man Glück hat, bekommt man dann etwas Geld zurück. Hat man aber Pech, muss man Geld nachzahlen. Das ist von den Kosten abhängig, die wirklich über das Jahr entstanden sind.

Nebenkostenabrechnung für das Jahr 2021

Kosten für das gesamte Haus

Grundbesitzabgaben

Gesamtkosten: 7009 € : 815 m² = 8,60 € pro m²
8,60 € : 12 Monate = 0,72 € pro m² im Monat

Wasser

Gesamtkosten: 1922,40 € : 18 Personen = 106,80 € pro Person
106,80 € : 12 Monate = 8,90 € pro Person pro Monat

Allgemeiner Strom

Gesamtkosten: 282,00 € : 10 Wohnungen = 35,20 € pro Wohnung
35,20 € : 12 Monate = 2,93 € pro Wohnung im Monat

Kosten für Familie Mustermann

Grundbesitzabgaben für die Wohnung (98 m²):	98 x 0,72 € = 70,56 €
Wasser für 3 Personen (Mutter, Vater, Sohn):	8,90 € x 3 = 26,70 €
Allgemeiner Strom für eine Wohnung:	2,93 € x 1 = 2,93 €
Monatliche Kosten insgesamt:	= 100,19 €

1. **Lies dir die Abrechnung von Familie Mustermann genau durch.**
2. **Es hat sich ein Rechenfehler eingeschlichen. Finde ihn und verbessere die Abrechnung.**
3. **Familie Mustermann hat im Jahr 2021 jeden Monat folgende Vorauszahlungen geleistet: Grundbesitzabgaben: 75 €, Wasser: 30 €, allgemeiner Strom: 5 €. Bekommt die Familie Geld zurück oder muss sie etwas nachzahlen? Wie hoch ist der Unterschied zwischen den tatsächlichen (korrekten) Kosten und der Vorauszahlung am Ende des Jahres?**

Strom und Gas

Außer den Miet- und Nebenkosten kommen noch Stromkosten und je nach Art der Heizung auch Gaskosten auf eine Mieterin oder einen Mieter zu. Damit man in der gemieteten Wohnung Strom und Gas erhält, muss man sich einen Stromanbieter und einen Gasanbieter suchen. Dafür gibt man bei einer Suchmaschine im Internet den Begriff „Stromanbieter“ ein und schreibt auch den Ort dazu, in dem man lebt. Bei einem der angezeigten Anbieter kann man sich dann anmelden. Beim Gasanbieter macht man es ebenso, nur dass man hier den Begriff „Gasanbieter“ verwendet. Damit man dann Strom und Gas geliefert bekommt, wird ein monatlicher Geldbetrag verlangt.

Am Ende eines Jahres wird eine genaue Abrechnung geschickt. Man bekommt vielleicht Geld zurück oder muss etwas nachzahlen. Der Strom- und Gasverbrauch wird über einen Zähler gemessen. Beim Einzug in die Wohnung wird dem Anbieter der Zählerstand mitgeteilt. Nach etwa einem Jahr wird der neue Zählerstand abgefragt. So werden der Verbrauch von Strom und Gas gemessen und die Kosten berechnet.

© Andre Reichardt – stock.adobe.com

1. **Sieh dir den Gaszähler auf dem Bild genau an.**
2. **Fülle die Karte des Gasanbieters aus.**
3. **Bittet als Klasse die Hausmeisterin oder den Hausmeister, euch den Stromzähler der Schule zu zeigen und zu erklären.**

Sehr geehrte Kundin, sehr geehrter Kunde, bitte teilen Sie uns Ihre Zählernummer und den Zählerstand mit.

Datum der Ablesung: ....

Zählernummer: | | | | | | | | |

Zählerstand: | | | | | |, | | | | m³

Der Rundfunkbeitrag

Die Miete, die Nebenkosten und die Strom- und Gaskosten sind Beträge, die jeden Monat in der gleichen Höhe anfallen.
Man nennt diese Kosten auch **Fixkosten**.

Weitere mögliche Fixkosten sind die Rundfunkbeiträge, die man zahlen muss, sobald man volljährig ist und nicht mehr bei seinen Eltern wohnt. Mit diesen Gebühren wird ein großer Teil der öffentlichen (= nicht privaten) Radio- und Fernsehproduktionen (Sendungen, Filme, Hörspiele etc.) finanziert.

Gezahlt wird dieser Rundfunkbeitrag an den „ARD ZDF Deutschlandradio Beitragsservice". Dabei gilt die einfache Regel: **„Eine Wohnung, ein Beitrag"**. Egal wie viele Personen in einem Haushalt wohnen, monatlich ist eine Gebühr von 18,36 € fällig. Es spielt übrigens keine Rolle, wie viele Radios im Haushalt vorhanden sind, wie viele Fernseher und sonstige Geräte, mit denen Angebote der öffentlichen Fernseh- und Radiosender wiedergegeben werden können.

Wenn man bestimmte Bedingungen erfüllt, kann man einen Antrag stellen, dass man von den Rundfunkgebühren befreit wird. Dies gilt z. B. für Personen, die bestimmte Sozialleistungen beziehen.

(Informationen nach:
www.rundfunkbeitrag.de/buergerinnen_und_buerger/informationen/index_ger.html)

Auf der Internetseite des Beitragsservice kannst du alle nötigen Informationen nachlesen:

www.rundfunkbeitrag.de

Öffne auf der Internetseite den Bereich „Bürgerinnen und Bürger" und klicke dort auf die Zeile „Lesen Sie mehr zum Thema Informationen für ‚Bürgerinnen und Bürger'". Beantworte anschließend die folgenden Fragen im Heft.

a) Wie viel Geld muss ein Haushalt im Normalfall pro Jahr an den „ARD ZDF Deutschlandradio Beitragsservice" zahlen?
b) Wie funktioniert die Rundfunkgebühr bei Wohngemeinschaften?
c) Was ist mit dem Autoradio?
d) Kann man sich von den Gebühren befreien lassen, wenn man Arbeitslosengeld II bezieht?

Fernsehen und Streaming

Wer heutzutage Filme, Serien und andere Formate sehen möchte, muss sich zuvor entscheiden, über welchen Weg er sich diese nach Hause holt. Er kann sich z. B. zwischen dem Fernsehen über eine Satellitenantenne („Satellitenschüssel"), einen Kabelanschluss, den DVB-T2-Empfang und dem Streaming über das Internet entscheiden. Diese Entscheidung kann von den Kosten abhängen.

- Eine **Satellitenantenne** ist in der Anschaffung zunächst teuer. Man bezahlt eine einmalige Rechnung. Es kommen danach keine monatlichen Kosten mehr hinzu. Einige Sender lassen sich allerdings nur in besonders guter Qualität (HD) gegen zusätzliche Gebühren empfangen.
- Einen **Kabelanschluss** muss man beantragen und monatlich bezahlen. Er geht in die monatlichen Fixkosten einer Wohnung mit ein.
- Einen **DVB-T2-Empfänger** muss man für einen älteren Fernseher einmalig kaufen. Bei neueren Geräten ist dieser oft schon eingebaut. Bei diesem System empfängt man die Programme über die Hausantenne oder eine Zimmerantenne. Auch hier kommen keine weiteren monatlichen Kosten hinzu. Die Anzahl der Programme, die man empfängt, ist jedoch begrenzt.
- Beim Fernsehen über das **Internet**, dem TV-Streaming, werden sogenannte Breitbandanschlüsse genutzt, DSL oder VDSL etwa. Die Qualität des Fernsehempfangs hängt von der Schnelligkeit der Verbindung ab. Gegen Gebühr kannst du bei vielen Anbietern besondere Services nutzen. Dann zahlst du etwa dafür, dass du weniger Werbung siehst und mehr Sendungen. Bei dieser Art des Fernsehens kannst du dir auch zeitversetzt etwas anschauen. Achte allerdings hier unbedingt auf die Kosten, damit das Fernsehen für dich nicht zu teuer wird.

1. **Finde für jede der vier Möglichkeiten einen Grund, der für das Gerät spricht, und einen Grund, der dagegen spricht. Notiere die Gründe im Heft. Für welche Möglichkeit würdest du dich entscheiden?**
2. **Suche dir eine Partnerin oder einen Partner. Befragt mindestens zwölf Personen, mit welcher der Möglichkeiten sie in ihrer Wohnung die Programme empfangen. Führt eine Strichliste. Fertigt ein Schaubild zu den Ergebnissen an.**

Der Festnetzanschluss

Heute haben viele Menschen ein Handy.
Wer telefonieren möchte, benötigt daher nicht mehr unbedingt einen Festnetzanschluss.
Das ist ein Telefonanschluss, der über eine Leitung in die Wohnung geführt wird.
Über diese Leitung kann man mit einem Telefon telefonieren und in der Regel mit einem Computer im Internet surfen.
Wie bei einem Handy muss man auch bei einem Festnetzanschluss einen Vertrag mit einem Anbieter abschließen.
Es gibt viele Anbieter und sehr viele unterschiedliche Angebote.
Heute sind das meistens Mischangebote.
Diese Mischangebote setzen sich aus einer Gebühr für das Telefonieren und einer Gebühr für die Nutzung des Internets zusammen.
Hinzu kommen manchmal zusätzliche Kosten (z. B. für Gespräche aus dem Festnetz in ein Handy-Netz).
Man sollte genau überlegen, welches Angebot am besten zu den eigenen Wünschen passt.
Die Gebühren muss man in die monatlichen Fixkosten einer eigenen Wohnung einrechnen.

© Neobrain – stock.adobe.com

**1. Überlege dir Gründe, die für die Anschaffung eines Festnetzanschlusses sprechen.
Überlege dir genauso Gründe, die gegen die Anschaffung eines Festnetzanschlusses sprechen.
Trage die Gründe in eine Tabelle ein.**

für (pro) einen Festnetzanschluss	*gegen (kontra) einen Festnetzanschluss*

**3. Suche dir eine Partnerin oder einen Partner.
Entscheidet euch jeweils für eine Seite (pro oder kontra).
Führt eine Diskussion.**

**4. Finde im Internet drei Anbieter für einen Festnetzanschluss.
Suche jeweils das Angebot, das deinen Bedürfnissen am besten entsprechen würde.
Welcher Anbieter macht das günstigste Angebot?**

Der Wohngeldantrag

Das Wohngeld ist eine finanzielle Unterstützung des Staates.
Mieterinnen und Mieter, die ein geringes Einkommen haben, können einen Antrag auf einen Mietzuschuss stellen. Die Höhe des Wohngeldes errechnet sich aus:

- der Anzahl der Familienmitglieder, die zum Haushalt zählen,
- der Höhe des Familieneinkommens,
- der Höhe der Miete.

Kein Wohngeld erhalten Personen, die eine Grundsicherung für Arbeitssuchende erhalten, also Arbeitslosengeld II (Hartz IV-Leistungen). Bei diesen ist das Wohnen bereits eingerechnet.
Mit dem Antrag auf einen Mietzuschuss muss man u. a. einen Beleg des Arbeitgebers oder der Arbeitgeberin über die Höhe des Einkommens abgeben. Man benötigt außerdem einen Beleg der Vermieterin oder des Vermieters über die Höhe der Mietkosten.
Beide Belege und den Antrag selbst kann man sich in der Regel als Vordruck aus dem Internet ausdrucken. Dazu muss man in das Suchfeld der Suchmaschine das Stichwort „Wohngeldantrag“ und das Bundesland, z. B. „NRW“, eingeben.

wohngeldantrag nrw

Man kann die Anträge aber auch bei den Bürgerdiensten/-ämtern der eigenen Stadt bekommen.

(Informationen nach: https://de.wikipedia.org/wiki/Wohngeld und www.finanztip.de/wohngeld/)

1. Suche im Internet nach der Servicetelefonnummer des für dich zuständigen Bürgeramts:

Tel. ....

2. Erkundige dich telefonisch, wie du an einen Wohngeldantrag kommst. Überlege dir vorher, was du am Telefon sagen möchtest.

„Guten Tag, mein Name …

....

....

....

....

....

....

Der Mietvertrag

Wenn man eine Wohnung mietet, muss man einen Mietvertrag abschließen.
Dies ist ein Vertrag zwischen der Person, die mietet, und der, die vermietet. Der Vertrag enthält im Wesentlichen Angaben zu:

- Name und Adresse der Vermieterin oder des Vermieters
- Name und Adresse der Mieterin oder des Mieters
- Beschreibung der Wohnung (Anzahl und Art der Räume, Quadratmeterzahl)
- manchmal: Anzahl der Schlüssel
- Mietzeit
- Mietkosten und ggf. Kaution
- Bankverbindung der Vermieterin oder des Vermieters
- Rechte und Pflichten der Mieterin oder des Mieters
- manchmal: eine Hausordnung
- Datum und Unterschrift der Person, die mietet, und der, die vermietet

Erfüllt die mietende oder die vermietende Person den Vertrag nicht, so ist das Vertragsbruch. Das ist eine Straftat.
Oft gibt es noch ein Übergabeprotokoll. Hier musst du aufpassen, dass du alles erhältst, was in diesem Protokoll steht. Ist etwas bei deinem Einzug schon kaputt oder funktioniert nicht, sollte das auf jeden Fall im Protokoll festgehalten werden.

1. **Im Internet werden kostenlose Vordrucke für einen Mietvertrag angeboten. In das Wortfeld der Suchmaschine gibt man dann das Stichwort „Mietvertrag" ein. Finde einen kostenlosen Vordruck und öffne ihn.**

Mietvertrag	Suche

2. **Drucke den Vertrag aus und schreibe deinen Namen und deine Adresse an die richtige Stelle.**
3. **Beantworte die folgenden Fragen im Heft:**
   a) Wie viele Paragrafen (Absätze mit dem Zeichen §) enthält der Mietvertrag?
   b) In welchem Absatz (§) steht etwas über die Nebenkosten?
   c) Wird in dem Vertrag etwas zu Tieren gesagt? Nenne den Paragrafen (§).
   d) Enthält der Vertrag eine Hausordnung? Wenn ja, schreibe den ersten Satz in dein Heft.

Das Kleingedruckte

Ein Mietvertrag enthält viele Abschnitte (Paragrafen = §). Häufig sind das schwierige, lange Texte. Es ist trotzdem wichtig, alles genau zu lesen! Unterschreibt man einen Vertrag, dann erklärt man sich mit dem Inhalt einverstanden. Es ist also notwendig, den Inhalt zu kennen. Wenn man nicht alles versteht, sollte man sich Hilfe holen.

1. Zähle Personen auf, die du um Hilfe bitten könntest.

2. Lies den folgenden Abschnitt aus einem Mietvertrag.

§ 12 Kleinreparaturen

Die mietende Person trägt für kleinere Instandhaltungsarbeiten während der Mietzeit an Teilen der Wohnung, die dem direkten und häufigen Zugriff ausgesetzt sind, wie z. B. Fenstergriffe, Wasserhähne, Markisen, Türklinken, Rollläden, Einbauten in Badezimmer und WC sowie Schalter für Licht sowie Beleuchtungskörper, die Kosten.

Die Verpflichtung der mietenden Person zur Übernahme dieser Kosten ist begrenzt pro einzelner Kleinreparatur auf 75 Euro und je Kalenderjahr auf eine Gesamtsumme aller Einzelreparaturen von insgesamt 6 % der Kaltmiete, höchstens jedoch 130 Euro.

3. Gib den Inhalt mit eigenen Worten wieder.

4. Suche dir eine Lehrkraft, die dir den gleichen Abschnitt mit einfachen Worten erklären kann. Vergleiche die Erklärung der Lehrkraft mit deiner eigenen.

Die Selbstauskunft

Einige Vermieterinnen und Vermieter verlangen eine Selbstauskunft von Personen, die eine Wohnung mieten möchten. Damit versuchen sie, sich ein Bild von der Lebenssituation der möglichen Mieterin oder des möglichen Mieters zu machen. Sie wollen einschätzen, ob es sich um eine „gute" Mieterin oder ein „guten" Mieter handelt.

Wenn es um Einkommen und Arbeitsplatz geht, musst du die Wahrheit sagen. Auch bei der Anzahl der einziehenden Personen darfst du nicht lügen. Bei persönlichen Fragen (Mögen Sie Heavy Metal? Rauchen Sie?) darfst du dagegen ruhig angeben, was der Vermieter oder die Vermieterin hören möchte (hier im Zweifelsfall 2-mal „nein"). Das Ausfüllen ist grundsätzlich freiwillig.

1. **Was ist deiner Meinung nach eine „gute" Mieterin oder ein „guter" Mieter? Notiere fünf Punkte in deinem Heft.**
2. **Fülle die Selbstauskunft aus. Du kannst dir Daten ausdenken.**

Selbstauskunft

Im Rahmen der freiwilligen Selbstauskunft erteile ich dem Vermieter/der Vermieterin die nachfolgenden Informationen in Bezug auf das angebotene Mietobjekt:

Vorname/Name: ....

geboren am: .... in: ....

Staatsangehörigkeit: .... Familienstand: ....

Jetzige Anschrift: ....

Dort wohnhaft seit: ....

Beruf: .... Netto-Einkommen: ....

Arbeitgeber/in: ....

beschäftigt seit: ....

E-Mail: .... Telefon: ....

Datum: .... Unterschrift: ....

Rechte und Pflichten als mietende Person

Als Mieterin oder Mieter hat man
- Rechte (das „darf“ die Mieterin oder der Mieter bzw. das „muss“ die Vermieterin oder der Vermieter) und
- Pflichten (das „muss“ die Mieterin oder der Mieter).

Diese Rechte und Pflichten sind im Mietvertrag festgelegt.

1. Lege eine Tabelle im Heft an.

Rechte der Person, die mietet/ Pflichten der Person, die vermietet	*Pflichten der Person, die mietet*

2. Trage die Stichworte in die Tabelle ein. Sie sind Beispiele für Dinge, die in einem Mietvertrag stehen können.
- einen Anteil der Kosten für den Betrieb der Zentralheizung zahlen
- vor dem Anbringen eines Schildes den Vermieter oder die Vermieterin fragen
- eine notwendige Wohnungsbesichtigung vorher ankündigen
- den Mietvertrag schriftlich kündigen
- Veränderungen der Mieträume mit dem Vermieter oder der Vermieterin absprechen
- die Wohnung heizen, lüften und putzen
- die Kosten für die Entfernung unverschuldeten Ungeziefers (z. B. Wespennest) zurückbezahlen
- Kleinreparaturen auf eigene Kosten durchführen
- die Miete bis zum dritten Werktag eines Monats zahlen

3. Welche Rechte und Pflichten für Schülerinnen und Schüler findest du in der Schulordnung deiner Schule? Notiere jeweils drei Rechte und Pflichten.

Die Hausordnung (1/2)

In den meisten Mietshäusern gibt es eine Hausordnung. In ihr sind die wichtigsten Regeln für das gemeinsame Leben unter einem Dach festgelegt. Die Hausordnung soll Konflikte verhindern und ein friedliches Miteinander sichern.

1. **Lies dir die Hausordnung auf dem Informationsblatt durch.**
2. **Entscheide bei den folgenden Szenen, ob Elif sich richtig oder falsch verhält.**
   Male das Feld dann farbig an. Markiere die passende Stelle in der Hausordnung in der gleichen Farbe. Benutze für alle Felder verschiedene Farben.

Es ist 23.00 Uhr. Elif kann nicht einschlafen. Oft hilft ihr dabei laute Musik. Sie verbindet ihr Handy mit ihrer Bluetooth Box und dreht die Lautstärke hoch.

richtig ○
falsch ○

Elif übt von 17 bis 19 Uhr Geige.

richtig ○
falsch ○

Elif ist bei einer Freundin. Sie kann also den Hausflur nicht putzen. Nächstes Mal klappt es bestimmt wieder.

richtig ○
falsch ○

Elif hat einen braven Hund. Während sie einkaufen geht, bleibt er alleine im Garten.

richtig ○
falsch ○

Elif hat Besuch von ihrer Großmutter, die gleich nebenan wohnt. Sie lässt ihre Gehhilfe im Flur stehen.

richtig ○
falsch ○

Schon wieder sind die Batterien von Elifs Fernbedienung leer. Sie wirft sie in die Mülltonne.

richtig ○
falsch ○

Die Hausordnung (2/2)

Hausordnung

Lärm

- Jeder Mieter, jede Mieterin ist dafür verantwortlich, dass vermeidbarer Lärm unterbleibt. Besondere Rücksichtnahme ist in der Zeit zwischen 22.00 Uhr und 6.00 Uhr geboten. Radios, Fernseher, Musikanlagen usw. sind auf Zimmerlautstärke einzustellen.
- Das Spielen von Instrumenten ist zwischen 19.00 Uhr und 8.00 Uhr grundsätzlich untersagt. In den anderen Zeiten darf nicht länger als zwei Stunden am Tag musiziert werden.

Kinder

- Kinder dürfen ihren Spielbedürfnissen nachgehen. Insbesondere dürfen sie auf den dafür vorgesehenen Flächen spielen.

Sicherheit

- Aus Gründen der Sicherheit sind die Haus- und Kellertür in der Zeit von 22.00 bis 6.00 Uhr ständig geschlossen zu halten.
- Haus- und Hofeingänge, Treppen und Flure sind als Fluchtwege grundsätzlich freizuhalten. Davon ausgenommen ist das Abstellen von Kinderwagen, Gehhilfen und Rollstühlen, soweit dadurch keine Fluchtwege versperrt und Mitbewohnerinnen und Mitbewohner nicht unzumutbar behindert werden.

Reinigung

- Haus und Grundstück sind in einem sauberen und reinen Zustand zu erhalten. Nach einem Reinigungsplan müssen die Mieterinnen und Mieter abwechselnd Flure und Treppen reinigen.
- Der im Haushalt anfallende Müll darf nur in die dafür vorgesehenen Mülltonnen und Container entsorgt werden. Auf eine Trennung des Mülls ist zu achten. Sondermüll und Sperrgut gehören nicht in diese Behälter.

Fahrzeuge

- Das Abstellen von Fahrrädern ist grundsätzlich nur im Fahrradkeller gestattet.

Haustiere

- Bei Haustieren ist darauf zu achten, dass diese sich nicht ohne Aufsicht in den Außenanlagen, im Treppenhaus oder anderen Gemeinschaftseinrichtungen aufhalten. Verunreinigungen sind sofort zu entfernen. Von den Spielplätzen sind die Haustiere grundsätzlich fernzuhalten.

Die Kündigung der Wohnung

Aus verschiedenen Gründen kann es sein, dass man umziehen möchte oder muss. Es ist dann notwendig, den Mietvertrag zu kündigen.
Dies muss man einige Wochen vor dem geplanten Umzugstermin erledigen – in der Regel sind das drei Monate. Man nennt diese Zeit die Kündigungsfrist.
Eine Kündigung muss immer schriftlich erfolgen und am besten per Einschreiben an die Vermieterin oder den Vermieter geschickt werden. Durch ein Einschreiben kannst du den Versand und den Empfang deines Briefes eindeutig nachweisen.

1. Der Brief mit der Kündigung muss drei Monate vor der Abgabe der Wohnung bei der Vermieterin oder dem Vermieter ankommen. Fülle die Tabelle aus.

späteste Ankunft der Kündigung beim Vermieter oder der Vermieterin	Termin der Abgabe der Wohnung
	31.10.2021
	30.06.2022
31.12.2019	
	31.05.2022
30.09.2021	

2. Bringe die folgenden Wörter in die richtige Reihenfolge. Sie ergeben den Text für ein Kündigungsschreiben.

2021 22.07.
Mustermann Herr geehrter sehr,

Stock Mietwohnung kündige im ersten zum
der meine ich 31.10.2021 in Bahnhofstraße
12 fristgerecht zum hiermit.
bitte Ich eine um der Bestätigung Kündigung.

Grüßen Mit freundlichen
Wohnmann Leon

Rund um die erste Wohnung

Hier sind noch einige wichtige Tipps!

Wohnungen mit „Haken“

- Manche Wohnungen sind mit Nachtspeicherheizungen ausgestattet. Das sind Heizungen, die mit Strom betrieben werden. Diese Art, zu heizen, ist sehr teuer. Man kann auch nicht so spontan auf schwankende Temperaturen reagieren.
- In einigen Wohnungen sind bereits Einbauküchen aufgestellt. Sind diese im Mietpreis enthalten, so ist das praktisch. Wenn der Vormieter oder die Vormieterin ihre Einbauküche verkaufen wollen, überlege genau, was du dir leisten kannst und willst.
- Achte auf die Isolierung der Wohnung (gute Scheiben). Du musst sonst viel heizen und zahlst deshalb hohe Nebenkosten.
- Einige Vermieterinnen und Vermieter verlangen Staffelmieten. Hier erhöht sich die Miete jährlich. Das kann sehr teuer werden.

Der Umzug

- Kündige die alte Wohnung erst, wenn du einen Mietvertrag für die neue Wohnung unterschrieben hast. Oft kannst du schneller aus deinem alten Vertrag heraus, wenn du selbst einen Nachmieter oder eine Nachmieterin stellst.
- Beginne frühzeitig mit allen Planungen und der Organisation des Umzugs.
- Besorge dir Kisten (im Freundeskreis und bei Verwandten, Bananenkisten aus dem Lebensmittelgeschäft sind kostenlos).
- Verpacke alles sicher (Gläser/Geschirr in Zeitungspapier) in Kisten – Einzelteile tragen ist mühsam.
- Miete frühzeitig einen Wagen (vielleicht kennst du jemanden, der dir ein Auto oder einen Transporter leiht – das ist billiger). Sorge dafür, dass jeweils ein Parkplatz vor dem Haus frei ist.
- Bitte für den Umzugstag möglichst viele Personen aus deinem Freundeskreis um Hilfe – dann geht es umso schneller (Getränke und Essen sind eine nette Geste).

Nicht vergessen

- Stelle bei der Post einen Nachsendeantrag (kostenpflichtig) – deine Post wird dann automatisch an die neue Adresse geleitet.
- Teile allen Freundinnen, Freunden und Verwandten sowie wichtigen Stellen deine neue Adresse mit (Arbeitsstelle, Krankenkasse, Ämter, Bank, Telefonanbieter etc.). Sorge rechtzeitig dafür, dass du Telefon und Internet hast.
- Melde deinen Festnetzanschluss um.
- Notiere die Zählerstände (Strom und Gas) in der alten und der neuen Wohnung.
- Melde dich in der ersten Woche beim Einwohnermeldeamt um (Personalausweis und Wohnungsgeberbestätigung mitnehmen).

Tipp:
Auf der Seite **www.umziehen.de** findest du weitere Infos und Checklisten.

Checkliste für den Lebensordner

Unter dieser Internetadresse finde ich wichtige Informationen zum Arbeitslosengeld II:	
Hier kann ich Wohnungsanzeigen finden:	
Die Warmmiete setzt sich aus den folgenden Kosten zusammen:	
Neben der Warmmiete muss ich monatlich auf jeden Fall noch diese Fixkosten einplanen:	
Eventuell kommen monatlich noch diese festen Kosten auf mich zu:	
Den Wohngeldantrag kann ich hier bekommen:	
Dem Wohngeldantrag muss ich folgende Belege hinzufügen:	
Diesen Vertrag muss ich als Mieterin oder Mieter vor der Unterschrift genau lesen:	
Hier finde ich die Regeln des Zusammenlebens für alle Bewohnerinnen und Bewohner eines Hauses:	
Diese Kündigungsfrist muss ich einhalten:	

Was bedeutet was?

Abrechnung	In einer Abrechnung werden alle Einnahmen und Ausgaben, die über einen bestimmten Zeitraum getätigt wurden, verglichen. In der Regel kommt es danach zu einer Rückzahlung oder einer Nachzahlung.
Anbieter	Ein Anbieter ist eine Person oder eine Firma, die eine bestimmte Ware zur Verfügung stellt, z. B. Strom oder einen Telefonanschluss.
Antrag	Ein Antrag ist eine Bitte in schriftlicher Form. Oft gibt es für Anträge fertige Formulare, die man ausfüllen muss.
Arbeitslosengeld-Empfänger oder -Empfängerin	Ein Arbeitslosengeld-Empfänger oder eine -Empfängerin ist eine Person, die Arbeitslosengeld erhält.
Bedürfnisse des täglichen Lebens	Bedürfnisse des täglichen Lebens sind z. B. Brief- und Telefongebühren oder auch der Besuch kultureller Veranstaltungen (Kino, Theater …).
Beleg	Ein Beleg ist eine schriftliche Aussage.
finanzielle Unterstützung	Eine finanzielle Unterstützung ist eine Hilfestellung durch Geld.
Gebühr	Eine Gebühr ist eine Geldabgabe für eine bestimmte Leistung.
Genehmigung	„Genehmigung“ ist ein anderes Wort für „Erlaubnis“.
Immobilien	Das Wort „Immobilien“ ist ein Oberbegriff für Häuser, Grundstücke, Wohnungen, Büros, Fabrikgebäude etc.
volljährig	Ab dem 18. Geburtstag ist man volljährig, also nach dem Gesetz erwachsen.
Werktag	Ein Werktag ist ein Tag, an dem das Arbeiten ohne Einschränkungen erlaubt ist. Dazu zählen alle Tage außer Sonntage und Feiertage.
Zähler	Ein Zähler ähnelt einem Tacho im Auto. Er „zählt“ den Verbrauch von etwas (z. B. den Stromverbrauch).
Zählerstand	Der Zählerstand ist die genaue Zahl, die zu einem festgelegten Zeitpunkt auf dem Zähler steht.
Zentralheizung	Eine Zentralheizung ist eine Heizungsanlage, die die Wärme für jede Wohnung im Haus erzeugt. Meist steht diese im Keller eines Mietshauses.

Der eigene Haushalt

Der Traum von den vier Wänden

1. Wie stellst du dir deine Wohnsituation in drei Jahren vor? Schreibe Stichworte in die Gedankenblase.

Wie groß soll meine Wohnung sein?

Wie soll meine Wohnung aufgeteilt sein?

Wünsche ich mir einen Balkon oder Garten?

An welchem Ort will ich leben?

Welche besonderen Einrichtungsgegenstände wünsche ich mir?

Wie ist meine Wohnung gestaltet?

Mit wem möchte ich zusammenwohnen?

Wie soll die Lage meiner Wohnung sein?

2. Stelle dir anschließend deine Wohnung in zehn Jahren vor. Beschreibe deine Vorstellung in einem zusammenhängenden Text im Heft.

Die Wohnungsskizze

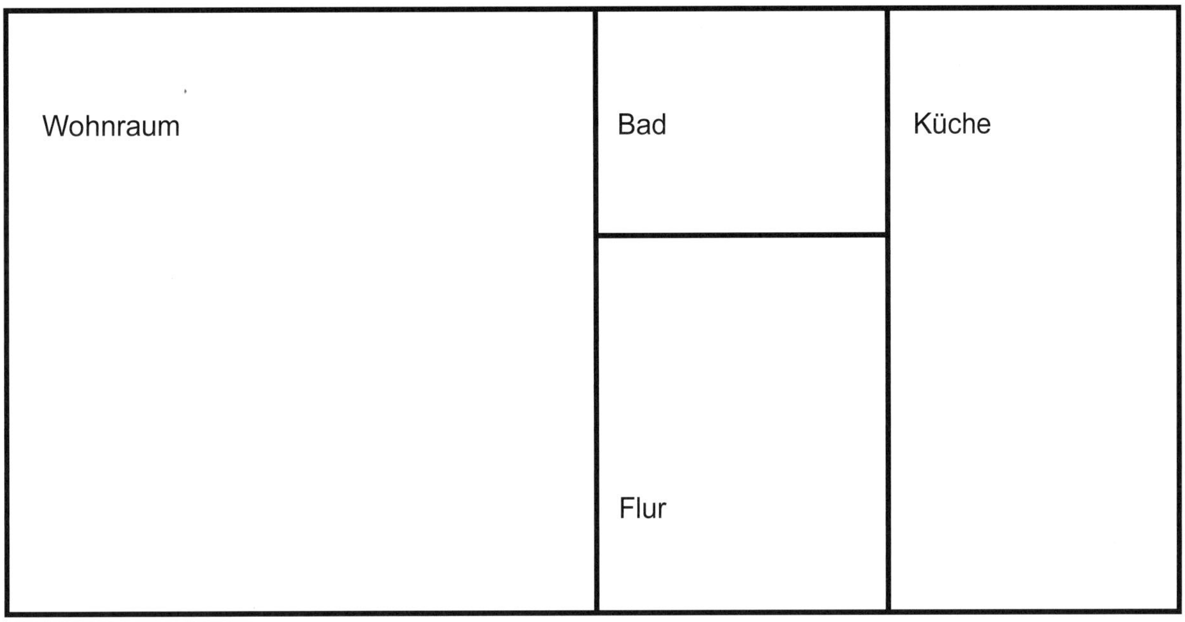

cm (in der Zeichnung)	1 cm	2 cm	3 cm	4 cm	5 cm	6 cm	7 cm	8 cm	9 cm
m (in der Wohnung)	0,5 m	1 m							

1. **Fülle die Tabelle aus.**
2. **Oben siehst du den Grundriss einer 1-Zimmer-Wohnung. Übertrage die Zeichnung in der gleichen Größe in dein Heft. Schreibe die Maße unter die Zeichnung in deinem Heft.**
3. **Berechne, wie lang und breit die Zimmer in echt sind. Schreibe diese Maße in Klammern an die Zeichnung in deinem Heft.**
4. **Berechne die Größe der einzelnen Zimmer in Quadratmetern. Notiere die Größen ebenfalls in deinem Heft.**
5. **Richte die Wohnung nach deinen Vorstellungen ein. Zeichne dafür Möbel „von oben" in die Zeichnung ein. Achte darauf, dass die Möbel realistische Maße haben.**
6. **Gestalte die Zeichnung farbig.**

Notwendig oder Luxus?

In die erste eigene Wohnung zieht man meist als junger Erwachsener oder junge Erwachsene. Häufig hat man in dieser Zeit noch nicht viel Geld zur Verfügung. Es ist daher wichtig, zunächst Dinge anzuschaffen und zu bezahlen, die für ein selbstständiges Leben notwendig sind.
Erst wenn noch Geld übrig ist, kann man sich zusätzliche Wünsche erfüllen.

1. **Übertrage die Tabelle in dein Heft. Unterscheide zwischen notwendigen Anschaffungen und zusätzlichen Wünschen. Trage jeweils das unterstrichene Wort oder den Gegenstand des Bildes in die richtige Spalte der Tabelle ein.**

notwendige Anschaffungen	*zusätzliche Wünsche*

Ben sieht gerne Filme. Er möchte einen <u>großen Fernseher</u>.

Berat isst gerne Spiegeleier. Er sucht nach einer <u>Pfanne</u>.

Emily kocht immer für zwei Tage. Zum Aufwärmen des Essens möchte sie einen <u>Mikrowellenherd</u>.

Sabine liebt es, mit Freundinnen und Freunden zu spielen. Sie will sich eine <u>Spielkonsole</u> kaufen.

Lian träumt von einem <u>Wasserbett</u>.

2. **Finde für beide Spalten der Tabelle zehn weitere Punkte.**
3. **Überlege dir bei den zusätzlichen Wünschen, ob es günstigere Alternativen gibt oder wie du günstig an solche Gegenstände kommen könntest.**

Die Kücheneinrichtung

Pommes und Pizza sind zwar lecker – aber keine Lösung für jeden Tag. Auf die Dauer ist das tägliche Kaufen von Fastfood und Fertigessen nicht nur teuer und ungesund – es wird auch langweilig!
In einer eigenen Wohnung sollte man sich daher eine Möglichkeit zum Kochen schaffen. Dazu benötigt man eine Grundausstattung.

1. **Fertige in deinem Heft eine Liste der notwendigsten Dinge an, die man in einer Küche benötigt. Nutze dafür Prospekte, Kochbücher oder Internetseiten von Warenhäusern.**
   Vielleicht hast du auch die Möglichkeit, dich in der Schulküche umzusehen.
   Sortiere die Gegenstände nach den folgenden Oberbegriffen:
   - Elektrogeräte
   - Kochzubehör
   - Geschirr/Essen und Trinken
   - Abwasch
   - Aufbewahren
2. **Befrage anschließend eine Person, die bereits einen eigenen Haushalt hat. Hast du an alles gedacht? Ergänze deine Liste, falls du etwas vergessen hast.**
3. **Fertige nun eine Aufstellung der Kosten dieser Gegenstände an. Schreibe dazu jeweils den Namen des Gegenstandes und dahinter den Preis auf. Rechne am Ende alle Preise zusammen. Du kannst dafür wieder Prospekte oder das Internet nutzen. Es ist auch möglich, direkt in den Geschäften zu gucken.**

Der Wohn- und Schlafraum

In kleinen Wohnungen oder in Apartments gibt es außer der Küche oft nur einen Raum. Darin muss man das Schlafzimmer und das Wohnzimmer unterbringen.
Um eine gemütliche Stimmung zu schaffen, reichen Möbel allein nicht aus. Es kommt auch auf die Gestaltung der Räume und die Dekoration an. Auf diese Weise kann man der Wohnung eine „persönliche Note" verleihen.

1. **Was versteht man unter dem Begriff „persönliche Note"?**
   Frage mehrere Personen und notiere die verschiedenen Erklärungen.
   Vergleiche deine Ergebnisse mit denen deiner Mitschülerinnen und Mitschüler.

2. **Stelle dir vor, du hättest 200 € für Dekorationsgegenstände zur Verfügung. Was würdest du dafür kaufen?**
   Schaue dir Prospekte, Kataloge oder Zeitschriften an.
   Wähle Gegenstände aus, die deinem Zimmer <u>deine</u> persönliche Note geben würden.
   Schneide die Bilder mit den Preisen aus und klebe sie auf.

Neu oder gebraucht?

Manche Einrichtungsgegenstände muss man nicht neu kaufen.
Man spart viel Geld, wenn man einiges gebraucht kauft oder sogar kostenlos bekommt.

1. Welche Dinge würdest du gebraucht nehmen, welche würdest du dir neu wünschen? Kreuze an. Vergleiche deine Ergebnisse mit denen einer Mitschülerin oder eines Mitschülers. Begründet euch gegenseitig eure Entscheidungen.

	gebraucht	neu		gebraucht	neu
Wasch-maschine			Gardinen		
Bettdecke			Sofakissen		
Sofa			Bett		
Tisch + Stühle			Teppiche		
Kaffee-maschine			Matratze		
Handtücher			Töpfe		
Herd			Geschirr		

2. Wo kannst du Möbelstücke, Elektrogeräte oder andere Einrichtungsgegenstände kostenlos oder gebraucht bekommen? Informiere dich im Internet und in der Tageszeitung – in der Tageszeitung schaust du unter „Kleinanzeigen" nach. Oder frage auch im Freundes- und Bekanntenkreis nach. Lege in deinem Heft eine Liste an. Unterscheide dabei zwischen zweierlei Arten von Dingen: „gebrauchte Dinge" und „kostenlose Dinge".

3. Stelle dir vor, du möchtest eine Waschmaschine kaufen. Finde einen Neupreis heraus, z. B. auf der Internetseite eines Elektronikfachgeschäfts. Versuche nun mithilfe deiner Liste, eine gebrauchte Waschmaschine zu finden. Wie viel Geld kannst du sparen?

Neupreis: .... Woher: ....

Gebraucht-Preis: .... Woher: ....

Ersparnis: ....

Die Wäschepflege

Zu einer selbstständigen Lebensführung gehört auch die Pflege der Wäsche. Kleidung und Handtücher müssen regelmäßig gewaschen, getrocknet und gebügelt werden. Verschiedene Materialien (z. B. Baumwolle, Wolle, Polyester, Polyamid …) brauchen dabei eine unterschiedliche Behandlung. Sie gehen sonst kaputt oder verändern ihre Form oder Farbe.
Genaue Angaben zur Wäschepflege findet man auf den Schildern im Inneren der Kleidung. Auf diesen werden die Pflegehinweise durch Zeichen (siehe rechts) erklärt.

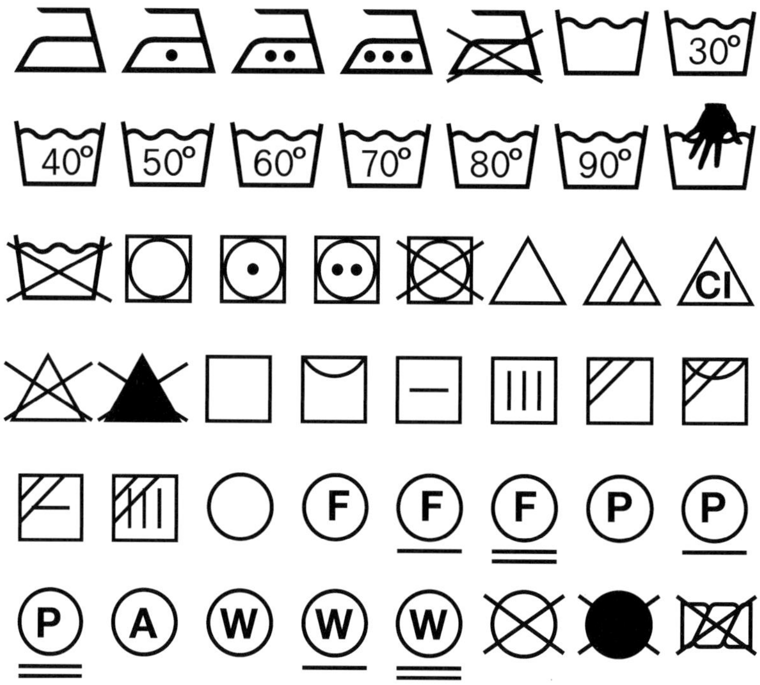

1. **Warum werden die Pflegehinweise durch Zeichen und nicht durch Wörter erklärt?**

....

....

....

....

2. **Suche in einem deiner Kleidungsstücke die Pflegezeichen. Male die Zeichen in dein Heft und schreibe zu jedem Zeichen in einem Satz auf, was bei der Pflege zu beachten ist.**

3. **Nimm dein Heft und schreibe zehn allgemeine Empfehlungen auf, die man beim Waschen, Trocknen und Bügeln beachten sollte. Befrage dazu eine Person, die für die Pflege ihrer Wäsche allein verantwortlich ist.**

Ein Besuch im Waschsalon

Eine Waschmaschine ist eine teure Anschaffung. Nicht immer kann man sich eine solche Maschine leisten. Man muss dann eine andere Lösung für das Waschen der Wäsche finden. Eine Möglichkeit ist der Besuch eines „Waschsalons“.
Dies ist ein großer Raum, in dem viele Waschmaschinen und Trockner stehen.
In den meisten Fällen gibt es keine persönliche Bedienung, sondern nur Automaten, in die du dein Geld stecken kannst, bevor du wäschst.
Wie man genau vorgehen muss, ist in einer Bedienungsanleitung erklärt.

© rdnzl – stock.adobe.com

1. **Bringe die Handlungsanweisungen in eine logische Reihenfolge. (Es sind mehrere Lösungen möglich/sinnvoll.) Gestalte mit diesen Anweisungen ein DIN-A4-Blatt, das man so im Waschsalon aufhängen könnte.**

Nehmen Sie anschließend einen Becher und ziehen Sie am Spender das Waschmittel.
Wählen Sie ein passendes Waschprogramm (siehe Anweisung an der Maschine).
Drücken Sie nun die Starttaste.
Befüllen Sie die Maschine mit Ihrer Wäsche.
Werfen Sie 4 € in den Geldautomaten mit der Nummer Ihrer ausgewählten Waschmaschine.
Geben Sie das Waschmittel in das Schubfach Ihrer Waschmaschine.
Wählen Sie eine leere Waschmaschine aus und merken Sie sich die Nummer.
Entnehmen Sie Ihre Wäsche, wenn die rote Lampe an der Maschine aufleuchtet.

2. **Tafeln mit viel Text sind manchmal schwierig zu lesen und zu verstehen. In so einem Fall kann man einen anderen Kunden um Hilfe bitten. Was genau könnte man fragen? Notiere einen Vorschlag in deinem Heft.**

„Entschuldigung, …

Putzen – aber womit?

Eine Wohnung sollte regelmäßig geputzt werden. In Kaufhäusern findet man eine riesige Auswahl an Reinigungsmitteln und -geräten. Viele davon sind unnötig und sehr teuer. Einige Putzmittel sind außerdem sehr schädlich für die Umwelt. Sie belasten die Kläranlagen und die Gewässer. Es ist in jedem Fall gut, nur kleine Mengen an Putzmitteln zu verwenden oder umweltschonende Reiniger zu kaufen. Um eine Wohnung sauber zu halten, kann man sich auf wenige Dinge begrenzen.

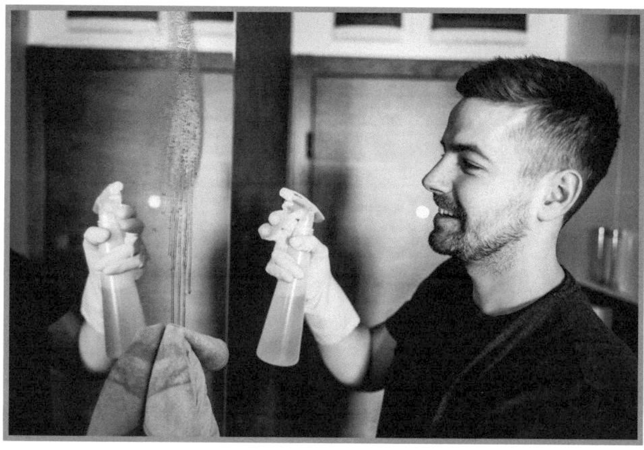

1. Streiche in der folgenden Auflistung alle Putzmittel und -geräte durch, auf die man deiner Meinung nach verzichten kann. Wenn du einige nicht kennst, schaue im Internet nach, wozu sie gut sind. Vergleiche deine Ergebnisse mit denen einer Mitschülerin oder eines Mitschülers.

Spülmittel Glasreiniger Lederwischtuch Besen Wischlappen
Allzweckreiniger Spüllappen Klobürste Staubwedel Eimer
Kehrblech/Handfeger Staubsauger Desinfektionsmittel Badreiniger Schwamm
Spülbürste Flaschenreiniger Wischer WC-Duft-Stein WC-Reiniger
Essigreiniger Parkettreiniger Mikrofasertuch Raumduftspray

2. Fertige eine Liste mit Putzmitteln an, die du für unbedingt notwendig hältst. Gehe in verschiedene Geschäfte und stelle eine Preisliste für diese Gegenstände auf.

Beispiel:

- Spülmittel (öko): 0,85 € (Aldi), 0,99 € (Rewe)
- …

Wähle jeweils das günstigste – wie viel Geld würdest du für die ausgewählten Putzmittel benötigen?

3. Gehe mit einem Zettel und einem Stift durch deine aktuelle Wohnung. Schreibe alle Dinge auf, die du zum Reinigen findest. Welche Dinge davon sind deiner Meinung nach unnötig? Fehlt etwas?

Der Putzplan

Es ist sinnvoll, regelmäßig zu putzen und die Arbeiten mit einem Plan einzuteilen.
Wenn sich nur wenig Dreck ansammelt, dauern die einzelnen Arbeitsgänge nicht lange.

1. **Was, wie oft und womit musst du putzen?**
   Übertrage die folgende Tabelle in dein Heft. Fülle sie aus.
   Berate dich dann mit einer Person, die eine Wohnung sauber halten muss.
   Vergleicht eure Ergebnisse in der Klasse.

Was?	*Wie oft?*	*Womit?*
Bad und WC		
Küche		
Teppichböden		
glatte Böden		
Fenster		
Möbel		
Mülleimer		
Kühlschrank		
Hausflur		
Regale wischen		
Schränke auswischen		

2. **Fertige auf einem DIN-A4-Blatt einen Plan für einen Monat an.**
   Verteile die einzelnen Arbeiten sinnvoll in diesem Plan.

Die Essensplanung

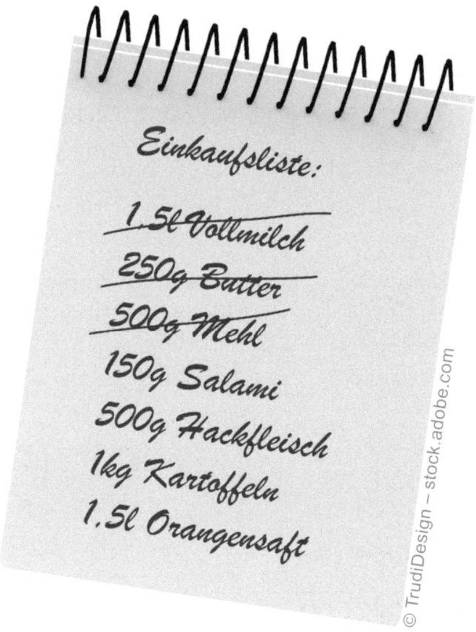

Im eigenen Haushalt kann man selbst entscheiden, was es zu essen gibt. Das ist einerseits eine Freiheit, andererseits ist es aber auch mit Arbeit verbunden. Man muss planen, einkaufen und kochen.
Um fit und leistungsfähig zu sein, sollte man auch auf eine ausgewogene Ernährung achten.
Einfach gesagt heißt das:

- sehr viel Gemüse und Salat,
- viel frisches Obst,
- viele Getreide- sowie Milchprodukte,
- wenig Zucker und Fett,
- wenig Fleisch.

Außerdem solltest du ausreichend trinken. Achte auf wenig Zucker!

(Informationen nach: www.bzfe.de/ernaehrung/die-ernaehrungspyramide/die-ernaehrungspyramide-eine-fuer-alle)

1. Finde für jede oben unterstrichene Lebensmittelgruppe (Obst, Gemüse, Getreideprodukte ...) Beispiele. Schreibe sie in dein Heft.

Beispiel:
Obst = Äpfel, Bananen, Orangen ...

2. Stelle einen Essensplan für eine Woche auf.
Plane einmal am Tag eine warme Mahlzeit ein
(hier kannst du Gemüse und Getreideprodukte unterbringen).
Notiere in deinem Heft genau, welche Dinge du an einem Tag essen willst.

Beispiel:

Montag			
morgens:	*mittags:*	*abends:*	*zwischendurch:*
■ Naturjoghurt mit Banane und Müsli ■ 1 Tasse Kaffee	■ Linsen-Curry ■ Obstsalat ■ Apfelsaft	■ 2 Scheiben Brot mit Käse ■ Salat ■ 1 Tasse Tee	■ 1 Apfel ■ 1 Jogurt ■ viel Mineralwasser ■ Schokoriegel

3. Fertige einen Einkaufszettel für die Woche an und schreibe ihn in dein Heft.

Preiswert, aber lecker

Selbst zu kochen, ist zum Teil preiswerter, als Fertiggerichte zu kaufen.
Außerdem ist es um einiges gesünder. Spaß kann es außerdem machen.
Viele leckere Mahlzeiten lassen sich ohne großartige Kochkünste schnell herstellen.
Kochbücher mit kleinen Gerichten kann man in Buchläden günstig bekommen.
Bücher für junge Leute enthalten meist einfache Rezepte und sind verständlich geschrieben.
Zudem gibt es im Internet zahlreiche Seiten mit Rezepten für alle Gelegenheiten.

Gemüse-Kartoffel-Pfanne

Zutaten:

- 3 gekochte Pellkartoffeln (vielleicht vom Essen des Vortages übrig)
- 3 Paprika
- 5 Strauchtomaten oder 3 Fleischtomaten
- 1 große Zwiebel
- 1 Esslöffel (EL) Öl
- Salz und Pfeffer zum Würzen

So wird's gemacht:

- Die Kartoffeln pellen und in Würfel schneiden (2 x 2 cm).
- Paprika waschen. Jeweils den Strunk herausschneiden und die Paprika in Würfel schneiden.
- Tomaten waschen und in Scheiben schneiden.

- Zwiebel pellen und in Ringe schneiden.
- Öl in eine Pfanne geben und heiß werden lassen.
- Zwiebeln, Kartoffeln und Paprika hinzugeben und kurz anbraten.
- Tomaten in die Pfanne geben und alles abgedeckt bei kleiner Hitze 20 bis 30 Minuten unter gelegentlichem Umrühren köcheln lassen.
- Mit Salz und Pfeffer würzen.
- Wenn du magst, kannst du auch noch Gewürze hinzugeben, etwa Rosmarin und Thymian.

Guten Appetit!

1. **Finde zwei Internetseiten, auf denen man Kochrezepte suchen kann. Nutze dafür eine Suchmaschine und gib das Stichwort „Rezepte" in das Suchfeld ein.**

2. **Suche auf einer der Internetseiten nach einem Rezept für einen einfachen Nudelauflauf. Schreibe das Rezept nach dem Muster oben in dein Heft (Zutaten und Arbeitsschritte).
Erstelle einen Einkaufszettel und finde im Supermarkt die Kosten für den Auflauf heraus.**

3. **Liste in deinem Heft zehn einfache, gesunde und kostengünstige Gerichte auf.**

Rund ums Kochen

Beantworte alle Fragen im Heft.

Suche dir Hilfe im Internet, bei Fachleuten, im Kochbuch oder im Fremdwörterlexikon.

a) Welche Gewürze gehören zu einer Küchen-Grundausstattung?

b) Erkläre die folgenden Begriffe.

▪ dünsten	▪ anbraten	▪ anschwitzen
▪ blanchieren	▪ glatt rühren	▪ köcheln
▪ gratinieren	▪ löschen	▪ passieren

c) Nenne jeweils drei Gerichte, die du aus den folgenden Lebensmitteln zubereiten kannst:
- gekochte Kartoffeln
- Eier
- gekochte Nudeln

d) Was bedeuten die folgenden Abkürzungen?
Tipp: Infos findest du unter www.culinaricast.de/2010/10/06/abkurzungen-in-rezepten

▪ g	▪ EL	▪ Msp.	▪ ml
▪ l	▪ Pck.	▪ gstr. TL	▪ Pr.

e) Rechne um.
Wie viel ml sind: ½ l; ¼ l; ⅛ l? (1 l = 1000 ml)
Wie viel g sind: ½ kg; ¼ kg; ⅛ kg? (1 kg = 1000 g)

f) Welche Lebensmittel lassen sich mit einem Messbecher abmessen?
Nenne vier Beispiele.

g) Fertige eine Zeichnung an (am besten „von oben“).
Wo werden das Besteck, der Teller, das Glas und der Nachtischlöffel an den Teller gelegt?

Freunde einladen

In den eigenen vier Wänden kann man, so oft man möchte, Freundinnen und Freunde einladen. (Achte in einem Mietshaus auf die Lautstärke in der Wohnung und im Treppenhaus!) Wahrscheinlich kommen die Leute aus deinem Freundeskreis gerne wieder, wenn sie nett bewirtet werden. Vor dem Besuch sollte man sich also ein paar Gedanken machen.

1. Stelle dir vor, du lädst eine Freundin und zwei Freunde zum Essen und anschließenden Filmeabend ein. Überlege, was du deinem Besuch zu den einzelnen Stichpunkten bieten möchtest.

Getränke

Essen

© Tiger Images – Shutterstock.com

„Dekoration“

Snacks

2. Du hast für diesen Abend 20 € eingeplant.
Überlege, was du alles kaufen möchtest.
Erstelle eine Kostenübersicht. Reicht dein Geld?
Wo kannst du ansonsten sparen?

3. Wie kann man zu Hause einen schönen, aber billigen Abend mit Freundinnen und Freunden verbringen? Schreibe zehn Tipps in dein Heft.
Sammelt eure Ideen in der Klasse.

Monatliche Kosten

Wenn man nicht viel Geld zur Verfügung hat, ist es wichtig, gut zu planen.
Auf diese Weise kann man das Geld so einteilen, dass es bis zum Ende des Monats ausreicht. Hilfreich für die Planung ist eine Übersicht, in der zunächst unterschieden wird in:

- Fixkosten (Kosten, die man regelmäßig in gleicher Höhe zahlen muss),
- Lebenshaltungskosten (Kosten für Dinge, die monatlich notwendig sind, in der Höhe des Betrages aber unterschiedlich sind) und
- zusätzliche Kosten (einmalige Ausgaben, auf die eventuell verzichtet werden kann).

Schätze die folgenden Posten ein. Vergleiche dann mit deinen Klassenkameradinnen und Klassenkameraden und frage jemanden, der allein wohnt, nach seinen Einschätzungen.

a) Welche Fixkosten entstehen im Monat in einem 1-Personen-Haushalt regelmäßig?

Fixkosten:

- *Miete (ca. 450 €)*
- ……
- ……
- ……
- ……
- ……
- ……
- ……

b) Welche Ausgaben sind außerdem jeden Monat für eine Person notwendig?

Lebenshaltungskosten:

- *Lebensmittel (ca. 160 €)*
- ……
- ……
- ……
- ……
- ……
- ……
- ……

c) Welche Kosten können für eine Person zusätzlich einmalig entstehen?

Zusätzliche Kosten:

- *Kinobesuche (ca. 18 €)*
- ……
- ……
- ……
- ……
- ……
- ……
- ……

Das Haushaltsbuch (1/2)

Ein Haushaltsbuch ist ein Buch, in dem alle Einnahmen und Ausgaben eines Monats eingetragen werden. Am Ende des Monats werden dann die Einnahmen und Ausgaben verglichen.
Auf diese Weise sieht man,

- ob man gespart oder zu viel ausgegeben hat,
- für welche Dinge man welche Beträge ausgegeben hat,
- an welcher Stelle man Geld einsparen kann.

Hilfreich ist ein Haushaltsbuch vor allem, wenn man Probleme mit der Geldeinteilung hat.

Hier siehst du eine Seite aus einem Haushaltsbuch.
Übertrage die Tabelle in dein Heft.
Trage alle Ausgaben in die richtige Spalte ein.

Datum	Fixkosten	Lebens-mittel	Fahrtkosten	Bekleidung	Vergnügen	Sonstiges
01.02.	351,00 € (Miete)	12,55 € (Einkauf Aldi)	3,50 € (S-Bahn)		2,40 € (Eis)	
02.02.						8,70 € (Geschenk)

05.02.
7,65 €
(Einkauf Lidl)

15.02.
9,99 €
(Streaming/Musik)

06.02.
2,60 €
(Brötchen)

14.02.
4,43 €
(Einkauf Aldi)

08.02.
5,50 €
(H&M)

12.02.
5,99 €
(McDonald's)

11.02.
8,30 €
(Bahnfahrt)

18.02.
24,99 €
(Handy-Rechnung)

15.02.
88,40 €
(Strom + Gas)

06.02.
3,50 €
(Falafel)

06.02.
20,00 €
(Friseur)

17.02.
1,29 €
(Schreibblock)

Das Haushaltsbuch (2/2)

Oktober 2021						
Einnahmen: 1 120 € (Gehalt) + 50 € (Geburtstagsgeld) = **1 170 €**						
Datum	Fixkosten	Lebensmittel	Fahrtkosten	Bekleidung	Vergnügen	Sonstiges
01.02.	362,00 € (Miete)	8,99 € (Karstadt)		12,99 € (Rock)		2,40 € (Zeitschrift)
02.02.	92,30 € (Strom/Gas)				14 € (McDonald's)	11,20 € (Schminke)
04.02.		16,54 € (Kiosk)	4,80 € (S-Bahn)			3,80 € (Zeitschrift)
05.02.				39,90 € (Jeans)		
06.02.		12,55 € (Einkauf Aldi)			16,50 € (Kino/Chips)	14,98 € (Parfüm)
07.02.		2,40 € (Brötchen)				
09.02.					1,60 € (Kaffee)	14,30 € (dm)
11.02.	14,90 € (Versicherung)	16,88 € (Rewe)		45,99 € (Schuhe)		5,00 € (Geschenk)
12.02.	18,75 € (Kredit Waschmaschine)	4,56 € (Kiosk)	4,80 € (S-Bahn)			39,00 € (Friseur)
14.02.		12,60 € (Tankst.)			17,00 € (Sauna)	
16.02.	24,99 € (Handyvertrag)	27,55 € (Rewe)			2,20 € (Cola)	
17.02.	18,36 € (Rundfunkgebühren)		4,80 € (S-Bahn)	13,55 € (Unterwäsche)		
18.02.		21,14 € (Karstadt)			51,30 € (Konzertbesuch)	
19.02.				45,98 € (Schuhe)		
20.02.	22,00 € (Kredit PC)		12,30 € (Taxi)		22,00 € (Club)	
21.02.		9,95 € (Tankst.)			17,00 € (Sauna)	
23.02.			8,40 € (S-Bahn)	25,00 € (Schuhe)	6,29 € (BurgerKing)	
26.02.	24,95 € (Festnetz)			14,99 € (Bikini)		
27.02.			12,50 € (Taxi)		25,00 € (Club)	
28.02.		22,50 € (Tankst.)	2,30 € (Bus)			
	=	=	=	=	=	=
	Ausgaben insgesamt =					
	Einnahmen insgesamt – Ausgaben insgesamt =					

Hier siehst du eine Seite aus einem Haushaltsbuch.

1. **Führe die notwendigen Rechnungen durch. Was fällt dir auf?**

2. **Notiere fünf Spartipps in deinem Heft.**

Rund um den eigenen Haushalt

Hier sind noch einige wichtige Tipps zum Umgang mit Geld!

Möbel

- Bestimmt haben deine Eltern/Großeltern/ Verwandte noch einiges in ihrer Wohnung, was sie nicht mehr benötigen. Frage sie, bevor du etwas Neues kaufst.
- In vielen Möbelhäusern gibt es „Fundgruben"/ „Schnäppchenecken". Hier werden Möbel mit kleinen Macken oder Fehlern angeboten. Diese sind häufig kaum zu sehen, die Möbel sind aber viel billiger als normal.
- Viele Gegenstände kann man sehr günstig in Billiggeschäften kaufen. Es muss nicht unbedingt Markenware sein.
- Halte die Augen auf. Manchmal findet man auch auf Flohmärkten oder sogar im Sperrmüll schöne Dinge.

Lebensmittel

- Schreibe vor dem Einkaufen immer einen Einkaufszettel und halte dich im Geschäft daran. So kaufst du keine überflüssigen Dinge.
- Setze dir einen Höchstbetrag für einen Einkauf. Gib nicht mehr als geplant aus.
- Gehe nicht hungrig in ein Lebensmittelgeschäft. Du kaufst dann vermutlich mehr, als du wirklich benötigst.
- Achte beim Einkaufen auf Sonderangebote.
- In einigen Geschäften kann man Waren finden, deren Mindesthaltbarkeitsdatum (MHD) bald abläuft. Sie werden in der Regel deutlich günstiger verkauft.
- Koche für mehrere Tage. Falls du ein Gefrierfach hast, kannst du einen Teil einfrieren. In größeren Mengen zu kochen, ist in der Regel billiger.

Kostenplanung

- Lege fest, wie viel Geld du für die einzelnen Bereiche deines Haushaltes ausgeben kannst. Halte dich an diese Planung. (Lege, falls nötig, verschiedene Kassen an.)
- Überlege am Anfang des Monats, welche Extraausgaben anfallen können. Vielleicht kannst du sie durch Einsparungen an anderen Stellen ausgleichen.
- Suche dir bei Schwierigkeiten Hilfe bei einer Schuldnerberatung. Hier kannst du dich auch beraten lassen, wenn du nicht weißt, wie du dein Geld geschickt einteilst.
- Als Faustregel kannst du dir merken, dass die Miete inklusive aller Nebenkosten ein Drittel deines monatlichen Einkommens nicht übersteigen sollte.
- Vergleiche Strom- und Gasanbieter miteinander und wähle den günstigsten Anbieter aus.

Checkliste für den Lebensordner

Diese Zeichnung kann mir bei der Planung der Einrichtung meiner Wohnung nützlich sein:	
Um nicht zu viel zu kaufen, muss ich zwischen den folgenden Anschaffungen unterscheiden:	
Für diese vier Küchenbereiche muss ich mir wichtige Küchensachen kaufen:	
Hier kann ich gebrauchte Möbel bekommen:	
Hier finde ich Hinweise zur Pflege meiner Wäsche:	
Hier kann ich hingehen, solange ich keine eigene Waschmaschine habe:	
So kann ich mir das Putzen der Wohnung erleichtern:	
Hier finde ich Kochrezepte:	
Diese drei Arten von Kosten muss ich unterscheiden:	
Auf diese Weise behalte ich einen Überblick über meine Ausgaben:	

Was bedeutet was?

Dekoration	Eine Dekoration ist die Verschönerung eines Raumes durch verschiedene Gegenstände.
Einnahmen	Einnahmen sind alle Gelder, die in einem bestimmten Zeitraum hinzukommen.
Fastfood	Fastfood bedeutet „schnelle Nahrung“ = „Schnellimbiss“ Das können sein: Pommes, Pizza, Döner, Baguette, Burger …
Geldautomat (im Waschsalon)	Ein Geldautomat ist eine Maschine, in die man Geld einwerfen muss, um eine Waschmaschine in Gang zu bringen.
Grund-ausstattung	Das sind die notwendigsten Dinge, die ich für eine Handlung (z. B. Kochen) benötige.
Grundriss	Ein Grundriss ist eine Zeichnung einer Wohnung von oben. In dieser Zeichnung sind die genauen Maße der Wohnung und die Einteilung der Zimmer zu erkennen.
Luxus	Luxus sind Dinge, die du eigentlich nicht brauchst und dir trotzdem gönnst. Luxus bedeutet wortwörtlich „Verschwendung“.
Mikrofasertuch	Ein Mikrofasertuch ist ein Tuch zum Putzen, das aus einem bestimmten Stoff hergestellt ist. Dieses Tuch soll den Schmutz besonders gut aufnehmen.
Polyamid Polyester	Dies sind künstlich hergestellte Materialien, aus denen z. B. Kleidung gemacht wird.
preiswert	„Preiswert“ ist ein anderes Wort für „billig“.
Skizze	Eine Skizze ist eine Zeichnung, die nicht genau ist. Mit einer Skizze versucht man, eine Idee zu zeichnen.
Spielkonsole	Spielkonsolen sind Computer oder computerähnliche Geräte, die man zum Spielen von Videospielen benutzt.
Fixkosten	Fixkosten sind regelmäßig anfallende Kosten in gleicher Höhe. Zu den typischen Fixkosten gehören: Miete, Gas und Strom. Die Beträge werden in der Regel monatlich bezahlt.

Die Freizeit

Menschen und ihre Tagesabläufe

Morgens verlasse ich um 7 Uhr das Haus, um zur Arbeit zu gehen. Erst um 18 Uhr komme ich zurück. Nach dem Abendessen bin ich oft müde. Ich streame dann eine Serie oder höre Musik. Am Samstag erledige ich Einkäufe und mache die Hausarbeiten, die in der Woche liegen bleiben. Abends treffe ich mich mit Freundinnen und Freunden, gehe Billard spielen oder etwas trinken. Am Sonntag schlafe ich oft lange, gehe dann ins Fitnessstudio, lese oder mache Fahrradtouren.

Ich warte zurzeit auf eine Ausbildungsstelle. Morgens schlafe ich lange und frühstücke in Ruhe. Danach mache ich den Computer an und spiele. Manchmal bis abends oder nachts. An anderen Tagen treffe ich mich mit Freunden in der Stadt oder wir gehen gemeinsam in den Park. Freitags und samstags gehe ich abends raus zum Feiern.

Ich habe einen Sohn. Lemi ist ein Jahr alt. Da ich mich um ihn kümmere, arbeite ich gerade nicht. Ich bin eigentlich von morgens 6.00 Uhr, wenn Lemi wach wird, bis abends gegen 19.30 Uhr mit ihm beschäftigt. Wir gehen zum Babyschwimmen, auf den Spielplatz, zur Kinderärztin, in die Krabbelgruppe, einkaufen und spielen natürlich zu Hause. Abends erledige ich den Haushalt. Erst gegen 21.00 Uhr bin ich damit fertig. Ich sehe dann noch etwas fern und gehe früh schlafen. Die Wochenenden sind für mich wie jeder andere Tag.

1. **Denke dir zu jeder Person einen kurzen Steckbrief (Name/Alter/Beruf/Lebenssituation) aus und schreibe ihn in dein Heft.**
2. **Wie unterscheidet sich der Tagesablauf der drei Personen? Was meinst du zu den einzelnen Tagesabläufen? Diskutiere mit einer Klassenkameradin oder einem Klassenkameraden darüber.**
3. **Fertige zu deinem eigenen Alltag in deinem Heft eine Sprechblase an.**

Freizeit

Freizeit nennt sich die Zeit, die du selbst gestalten kannst.
In diesem Zeitraum musst du nicht zur Schule, du musst keine Hausaufgaben machen und nicht arbeiten.

Teilt euch in Gruppen ein und führt in eurer Schule eine Umfrage zum Thema Freizeit durch. Sammelt dafür zunächst Fragen und notiert sie unten auf diesem Blatt. Was wollt ihr zur Freizeitgestaltung der anderen wissen? Befragt Personen in eurer Schule, wie z. B. Mitschülerinnen, Mitschüler, Lehrkräfte und Menschen, die in der Schul- oder Hausverwaltung arbeiten. Sammelt ihre Aussagen und gestaltet ein Plakat.
Präsentiert es und sprecht in der Klasse über eure Ergebnisse.

Unsere Fragen:

Mein Tagesplan (1/2)

Jeder Mensch gestaltet seinen Tag anders.
Einige gehen arbeiten oder in die Schule, andere haben keine Arbeit.
Einige müssen morgens früh aus dem Haus, andere erst spät.
Einige Menschen haben viel Freizeit, andere wenig.

1. **Trage zuerst auf Seite 2/2 in die Tabelle ein, was du wann machst.**
   Färbe die Spalten
   - rot, wenn du zur Schule gehst,
   - grün, wenn du deine Hausaufgaben machst,
   - blau, wenn du im Haushalt hilfst,
   - gelb, wenn du Freizeit hast,
   - schwarz, wenn du schläfst.
2. **Vergleiche deinen Tagesplan mit dem von deinem Partner oder deiner Partnerin.**
   Stellt Gemeinsamkeiten und Unterschiede in eurer Klasse vor.

Das haben wir gemeinsam	Darin unterscheiden wir uns

Mein Tagesplan (2/2)

	Montag	Dienstag	Mittwoch	Donnerstag	Freitag	Samstag	Sonntag
0 Uhr							
1 Uhr							
2 Uhr							
3 Uhr							
4 Uhr							
5 Uhr							
6 Uhr							
7 Uhr							
8 Uhr							
9 Uhr							
10 Uhr							
11 Uhr							
12 Uhr							
13 Uhr							
14 Uhr							
15 Uhr							
16 Uhr							
17 Uhr							
18 Uhr							
19 Uhr							
20 Uhr							
21 Uhr							
22 Uhr							
23 Uhr							

Verschiedene Freizeitbeschäftigungen

© maxpetrov – Shutterstock.com

© diy13 – Shutterstock.com

© Iryna Tiumentseva – stock.adobe.com

© Dudarev Mikhail – stock.adobe.com

© photomim – stock.adobe.com

© Axel Bueckert – Shutterstock.com

1. Auf den Fotos oben siehst du Beispiele für Freizeitbeschäftigungen. Übertrage die Tabelle in dein Heft. Finde für jede Spalte zehn Beschäftigungen und notiere sie.

Freizeitbeschäftigungen für eine Person allein	*Freizeitbeschäftigungen für zwei Personen*	*Freizeitbeschäftigungen für Gruppen*

2. Markiere die Freizeitbeschäftigungen, die du schon einmal ausprobiert hast, rot. Markiere die Freizeitbeschäftigungen, die du gerne ausprobieren würdest, grün.

3. Sieh dir die Tabelle noch einmal an. Notiere jeweils Gründe in deinem Heft:
- Was könnte dich davon abhalten, eine neue Freizeitbeschäftigung auszuprobieren?
- Was spricht dafür, eine neue Freizeitbeschäftigung auszuprobieren?

Der Verein

© Robert Kneschke – Shutterstock.com

Bearbeite die folgenden Aufgaben in deinem Heft.

1. **Wie könnten die Sätze enden?**
2. **Welchen Nutzen kann eine Freizeitbeschäftigung für einen Menschen haben? Finde fünf Punkte.**
3. **In jedem Ort gibt es verschiedene Vereine. Finde mithilfe des Internets drei Vereine in deinem Ort. In den Vereinen sollte es möglichst um etwas gehen, was dich interessiert. Notiere die Namen der Vereine und die angebotenen Freizeitbeschäftigungen.**
4. **Stelle dir vor, du möchtest in einem Hockeyverein an einem Probetraining teilnehmen.
Du rufst zunächst dort an.
Notiere im Heft: Was sagst/fragst du am Telefon?**

Soziales Engagement

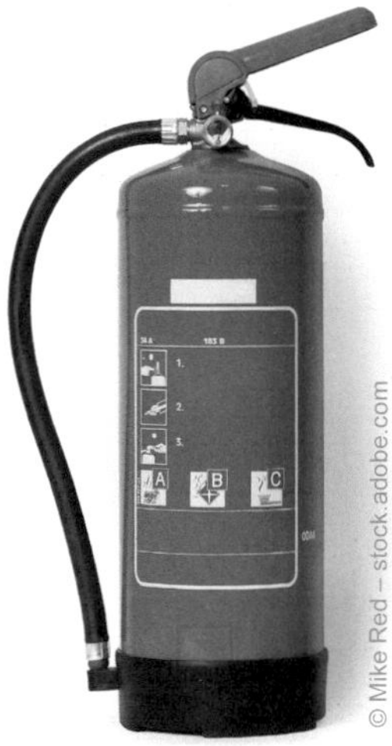

Fast in jedem Ort gibt es eine „Freiwillige Feuerwehr“.
Anders als bei der Berufsfeuerwehr sind hier Menschen tätig, die hauptberuflich etwas anderes machen und freiwillig bei der Feuerwehr arbeiten.
Sie gehen im Alltag also ihren normalen Tätigkeiten nach und werden dann gerufen, wenn ein Notfall (z. B. ein Hausbrand) eintritt.
Um auf einen solchen Notfall gut vorbereitet zu sein, finden für die Helferinnen und Helfer der Freiwilligen Feuerwehr regelmäßig Übungen und Schulungen statt.

Eine soziale Tätigkeit kann man beispielsweise ebenfalls beim „Roten Kreuz“ ausüben. Hier kann man sich freiwillig als Rotkreuz-Helferin oder -Helfer ausbilden lassen.
In diesem Ehrenamt übernimmt man kleinere medizinische Tätigkeiten, wie z. B. Erste Hilfe bei Großveranstaltungen, oder unterstützt bei Blutspendeaktionen. Auch zu dieser Tätigkeit gehören eine Ausbildung und regelmäßige Weiterbildungen.
Außerdem nehmen hier die Einsatztermine einige Zeit in Anspruch.

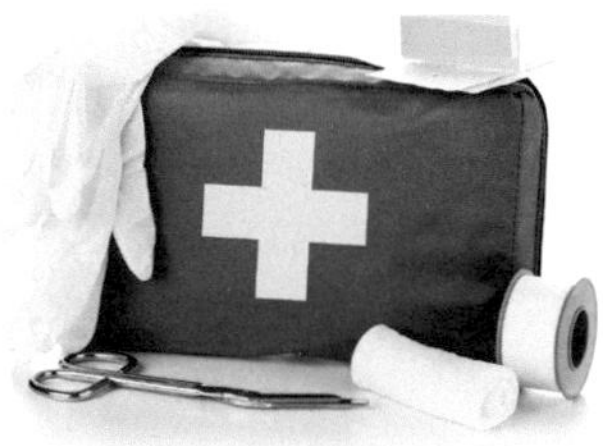

1. **Warum könnten Menschen in ihrer Freizeit eine dieser Tätigkeiten ausüben? Schreibe fünf Gründe in dein Heft.**
2. **Diskutiert in der Klasse:
   Welche Fähigkeiten müssen Menschen haben, die eine dieser Tätigkeiten ausüben?**
3. **Tausche dich mit einer Klassenkameradin oder einem Klassenkameraden aus:
   Kannst du dir eine Mitarbeit bei der „Freiwilligen Feuerwehr“ oder dem „Roten Kreuz“ für dich vorstellen?
   Nenne Gründe, die für dich dafür und dagegen sprechen würden.**
4. **Finde mithilfe des Internets heraus, ob es auch in deinem Ort eine freiwillige Feuerwehr gibt.**

Jugendfreizeitstätten

Damit sich Jugendliche mit anderen treffen können und ihre Freizeit nicht auf der Straße verbringen müssen, haben viele Gemeinden Jugendfreizeitstätten errichtet.
Das sind z. B. Räume im Gemeindehaus, kleinere Häuser oder auch Container, die jugendgerecht eingerichtet sind.
In der Regel arbeiten darin pädagogische Fachkräfte, die sich um den Betrieb kümmern. Sie sind auch Ansprechpartnerinnen oder -partner für die Jugendlichen.
Je nach der Größe der Einrichtung und den Öffnungszeiten werden dort verschiedene Angebote gemacht.

1. **Tauscht euch in der Klasse aus:**
   Wer war schon einmal in einer Jugendfreizeitstätte?
   Welche Erfahrungen habt ihr dort gemacht?

2. **Welche jugendgerechten Angebote kannst du dir in einer Jugendfreizeitstätte vorstellen? Nenne acht Angebote. Markiere vier Angebote, die du gerne nutzen würdest.**

   ....

   ....

   ....

   ....

   ....

3. **Beantworte folgende Fragen im Heft:**
   - Welche Gründe könnten dich davon abhalten, in eine Jugendfreizeitstätte zu gehen?
   - Was spricht dafür, eine Jugendfreizeitstätte aufzusuchen?

4. **Sammelt gemeinsam in der Klasse Anschriften von Freizeitstätten in eurem Ort/der nächsten Stadt.**

5. **Welchen Namen würdest du einer Jugendfreizeitstätte geben? Notiere ihn in deinem Heft. Entwirf ein Graffiti mit einem Logo.**

Das Ehrenamt

Ein Ehrenamt ist ein Amt, das man freiwillig und ohne Bezahlung übernimmt. Man spricht dann von einer „ehrenamtlich tätigen Person“. Viele soziale Einrichtungen können nur bestehen, weil Menschen sie mit ehrenamtlicher Arbeit unterstützen.

1. **Sieh dir die Bilder an.**
   Beantworte zu jedem Bild die folgenden Fragen im Heft.
   Du kannst dazu auch im Internet recherchieren.
   - Wer oder was benötigt hier Hilfe?
   - Welche Tätigkeiten könnten hier auf eine ehrenamtliche Mitarbeiterin oder einen ehrenamtlichen Mitarbeiter zukommen?
   - An welchem Ort wird die Arbeit wohl stattfinden?
   - Warum könnte sich eine Person für diese ehrenamtliche Tätigkeit entscheiden?

2. **Könntest du dir eine ehrenamtliche Tätigkeit vorstellen?**
   Wenn ja: Was würdest du gern machen?
   Begründe deine Entscheidung schriftlich in deinem Heft.

Urlaub

Urlaub dient der Entspannung und Erholung. Es gibt verschiedene Arten, Urlaub zu machen: Du kannst zu Hause bleiben oder verreisen. Du kannst nicht einfach so Urlaub machen, sondern musst das frühzeitig mit deinem Chef oder deiner Chefin absprechen.
Zu Hause zu bleiben, ist sicherlich die günstigste Art, Urlaub zu machen. Allerdings erledigt man dann oft Dinge, die im Alltag liegen geblieben sind. Man erholt sich dabei nur wenig. Wenn man zu Hause Urlaub macht, sollte man sich also genau überlegen, was man an den einzelnen Tagen tut. Das können ja auch Sport, Besuche bei Freundinnen und Freunden oder Tagesausflüge sein.
Solltest du dich entscheiden, weiter weg Urlaub zu machen, musst du zunächst einmal prüfen, wie viel Geld dir zur Verfügung steht und welches Ziel für dich infrage kommt. Wenn du alles geklärt hast, kannst du Urlaub buchen.

1. Wie sieht dein Traumurlaub aus? Notiere deine Gedanken auf dem Blatt hier.

2. Du hast eine Woche Urlaub.
Erkundige dich im Internet oder im Reisebüro, was dein Traumurlaub kosten würde.

Urlaub in der eigenen Stadt

**Du hast eine Woche Urlaub, aber nur wenig Geld.
Du entscheidest dich daher, zu Hause zu bleiben.**

© aerogondo – stock.adobe.com

Theater

© May Lana – Shutterstock.com

Sehenswürdigkeiten

© John Tomaselli – stock.adobe.com

Sport

© popovj2 – stock.adobe.com

Zoo

© Peshkova – Shutterstock.com

Park

© LiveAndStereo – stock.adobe.com

Museum

1. **Notiere zum Stichwort „Sport" in deinem Heft, welche Sportarten du in deiner Stadt machen könntest.**
2. **Was kannst du in deiner Stadt unternehmen, um dich zu erholen? Suche dir eine Partnerin oder einen Partner. Erkundigt euch bei der Tourismuszentrale vor Ort.**
3. **Erstellt gemeinsam ein Plakat, das Werbung für deine Stadt als Urlaubsziel macht.**

Urlaub in Deutschland

Urlaub in Deutschland zu machen, ist eine gute Möglichkeit, wenn du nicht so viel Geld hast. Du sparst die Flugkosten und kannst bequem mit Bus oder Bahn reisen.
Es gibt auch die Möglichkeit, sich zu mehreren für eine Autofahrt zusammenzutun. Dann könnt ihr euch die Spritkosten teilen und alle kommen wesentlich günstiger ans Ziel.
Du hast die Möglichkeit, zu zelten, in der Jugendherberge zu übernachten oder im Hotel zu schlafen. Zelten ist in der Regel am billigsten.

Hier siehst du verschiedene deutsche Orte oder Landschaften.

© christakramer – stock.adobe.com

© taranchic – Shutterstock.com

© Paul Wander – stock.adobe.com

© Daniel-Froehlich – Shutterstock.com

1. **Ordne Namen und Fotos einander richtig zu: Berlin, Hamburg, Nordsee, Alpen.**
2. **Welche typischen Freizeitaktivitäten könnte es in den verschiedenen Gegenden geben? Lege in deinem Heft eine Tabelle an und trage deine Überlegungen ein.**
3. **Äußere dich in deinem Heft: Würdest du eher am Meer, in den Bergen oder in einer Stadt Urlaub machen? Begründe.**

Die Fernreise

Eine Fernreise kostet sehr viel Geld.
Um eine Fernreise zu machen, solltest du dich im Reisebüro beraten lassen.
Du benötigst für die Fernreise oft nicht nur einen Reisepass mit einer bestimmten Gültigkeit, sondern auch eine Krankenversicherung, die im Ausland gilt.
Für manche Länder muss man sich auch impfen lassen.
Du solltest Englisch sprechen können.
Im Ausland sprechen nur selten Menschen Deutsch.

1. **Bringe die Sätze in die richtige Reihenfolge.**
   Schreibe die Sätze in der richtigen Reihenfolge in dein Heft.
   - Ich überprüfe, ob ich eine Impfung brauche.
   - Ich packe den Koffer.
   - Ich überlege mir ein Reiseziel.
   - Ich lasse mich im Reisebüro beraten.
   - Ich buche die Reise.
   - Los geht's.
   - Ich lerne Englisch.
   - Ich spare genug Geld für eine Fernreise.
   - Ich beantrage einen Reisepass.

2. **Suche dir eine Stadt aus, die sehr weit weg ist und in die du gern einmal reisen möchtest. Besorge dir Infomaterialien im Internet, in der Bibliothek und im Reisebüro.**
   Stelle dein Reiseziel auf einem Plakat vor.
   Sage auch, mit welchen Kosten man mindestens rechnen und was man bei der Reise beachten muss.

Checkliste für den Lebensordner

Dies ist eine Erklärung für das Wort „Freizeit“:	
Am Wohnort kann ich zwischen diesen Freizeitaktivitäten wählen:	
Diese Vorteile habe ich in einem Verein:	
Ehrenamtlich kann ich z. B. in diesen Bereichen arbeiten:	
Wenn ich meinen Urlaub zu Hause verbringe, kann ich diese Aktivitäten unternehmen:	
Eine Reise kann ich hier buchen:	
Dies benötige ich unter anderem für eine Fernreise:	

Was bedeutet was?

Blutspendeaktion	Kranke oder verletzte Menschen verlieren manchmal (z. B. bei einem Unfall oder bei einer Operation) viel Blut. Sie benötigen dann neues Blut und bekommen eine „Blutkonserve“. Das ist eine bestimmte Menge an Blut, die zuvor ein gesunder Mensch gespendet hat. Manchmal gibt es eine große „Blutspendeaktion“, bei der viele Menschen Blut spenden.
buchen	„Buchen“ ist ein anderes Wort für „reservieren“ oder „vorbestellen“.
Container	Container sind große, quadratische Metallboxen mit Fenstern und Türen. Sie dienen meist als Übergangslösung für den Fall, dass die eigentlichen Räume eines Hauses nicht benutzbar sind. Manchmal werden Container auch aufgestellt, wenn schnell Räume benötigt werden, das Bauen von Häusern aber zu teuer ist.
Engagement	„Engagement“ ist ein anderes Wort für „Einsatz“.
Gemeinden	Größere Städte sind in einzelne Gemeinden aufgeteilt, die jeweils eine eigene Verwaltung haben. Kleinere Städte oder Dörfer haben meist nur eine Gemeinde.
Hockey	Hockey ist eine Sportart, bei der eine flache Scheibe (der Puck) mit einem Schläger in ein Tor geschossen werden muss. Es gibt z. B. Eishockey und Feldhockey.
impfen	Wenn man geimpft wird, bekommt man (meist per Spritze) einen Impfstoff. Dieser schützt den Körper vor Infektionskrankheiten.
Pädagoginnen und Pädagogen	Pädagoginnen und Pädagogen sind Menschen, die in Berufen arbeiten, bei denen es um Erziehung geht.
Sehens-würdigkeit	Die besonderen Kennzeichen eines Ortes nennt man „Sehenswürdigkeiten“ (in Paris ist das z. B. der Eiffelturm, in Berlin das Brandenburger Tor etc.).
sozial	Das Wort „sozial“ bedeutet auch „mitmenschlich“, „hilfsbereit“ oder „fürsorglich“.
Tourismus-zentrale	Hier kann man sich über die besonderen Aktivitäten und sehenswerten Orte einer Gegend informieren.